U0736470

客户服务

主编　李志宏　骆永华

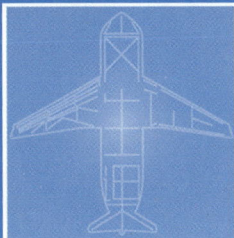

中国教育出版传媒集团

高等教育出版社·北京

内容提要

○本教材属于电子商务专业"岗课赛证"融通系列教材，力求通过企业需求调研，明确客户服务所对应的职业岗位，以客户服务岗位要求为逻辑主线进行工作分析，以课程改革为核心推动育人模式变革，从技术岗位复合型人才需求出发，以典型工作项目为载体，以行业认证、技能竞赛的能力和素养要求为目标整合教学内容，与行业企业共同构建模块化、能力递进式的课程体系。

○本教材结构清晰，逻辑严密，案例新颖，具有较强的实用性，具体包括6个项目，分别是智能接待咨询、客户交易促成、客户问题处理、客户关系维护、客户关系营销、客户服务数据分析与优化。

○本教材配有视频学习资源，可扫描书中的二维码图片进行查看；同时配套授课教案、演示文稿等辅教辅学资源，请登录高等教育出版社新形态教材网（https://abooks.hep.com.cn）获取相关资源。详细使用方法见本教材最后一页"郑重声明"下方的"学习卡账号使用说明"。

○本教材既可作为职业院校电子商务、跨境电子商务、网络营销、移动商务、市场营销等相关专业的教材，又可作为电子商务相关从业者和社会人士的参考用书。

本书简介

编写说明

  教材是学校教育教学活动的核心载体，承担着立德树人、启智增慧的重要使命。历史兴衰、春秋家国浓缩于教材，民族精神、文化根脉熔铸于教材，价值选择、理念坚守传递于教材。教材建设是国家事权，国家教材委员会印发《全国大中小学教材建设规划(2019—2022年)》，教育部印发《中小学教材管理办法》《职业院校教材管理办法》《普通高等学校教材管理办法》《学校选用境外教材管理办法》，系统描绘了大中小学教材建设蓝图，奠定了教材管理的"四梁八柱"。党的二十大首次明确提出"深化教育领域综合改革，加强教材建设和管理"，对新时代教材建设提出了新的更高要求，昭示我们要着力提升教材建设的科学化、规范化水平，全面提高教材质量，切实发挥教材的育人功能。

  职业教育教材既是学校教材的重要组成部分，又具有鲜明的类型教育特色，量大面广种类多。目前，400多家出版社正式出版的教材有74 000余种，基本满足19个专业大类、97个专业类、1 349个专业教学的需要，涌现出一批优秀教材，但也存在特色不鲜明、适应性不强、产品趋同、良莠不齐、"多而少优"等问题。

  全国职业教育大会提出要一体化设计中职、高职、本科职业教育培养体系，深化"三教"改革，"岗课赛证"综合育人，提升教育质量。2021年，中共中央办公厅、国务院办公厅印发的《关于推动现代职业教育高质量发展的意见》明确提出了"完善'岗课赛证'综合育人机制，按照生产实际和岗位需求设计开发课程，开发模块化、系统化的实训课程体系，提升学生实践能力"的任务。2022年，中共中央办公厅、国务院办公厅印发的《关于深化现代职业教育体系建设改革的意见》把打造一批优质教材作为提升职业学校关键办学能力的一项重点工作。2021年，教育部办公厅印发的《"十四五"职业教育规划教材建设实施方案》提出要分批建设1万种左右职业教育国家规划教材，指导建设一大批省级规划教材，高起点、高标准建设中国特色高质量职业教育教材体系。

  设计"岗课赛证"融通教材具有多重意义：一是着重体现优化类型教育特色，着力克服教材学科化、培训化倾向；二是体现适应性要求，关键是体现"新""实"，反映新知识、新技术、新工艺、新方法，提升服务国家产业发展能力，破解教材陈旧问题；三是体现育人要求，体现德技并重，德行天下，技耀中华，摒弃教材"重教轻育"顽症；四是体现"三教"改革精神，以教材为基准规范教师教学行为，提高教学质量；五是体现统筹职业教育、高等教育、继续教育协同创新精神，吸引优秀人才编写教材，推动高水平大学学者与高端职业院校名师合作编写教材；六是体现推进职普融通、产教融合、科教融汇要求，集聚头部企业技能大师、顶尖科研机构专家、一流出版社编辑参与教材研制；七是体现产业、行业、职业、专业、课程、教材的关联性，吃透行情、业情、学情、教情，汇聚优质职业教育资源进教材，立足全局看职教教材，跳出职教看职教教材，面向未来看职教教材，认清教材的意义、价值；八是体现中国特色，反映中国产业发展实际和民族优秀传统文化，开拓国际视野，积极借鉴人类优秀文明成果，吸纳国际先进水平，倡导互学互鉴，增进自信自强。

"岗课赛证"融通教材设计尝试以促进学生的全面发展为魂：以岗位为技能学习的方向（30%），以岗定课；以课程为技能学习的基础（40%）；以竞赛为技能学习的高点（10%），以赛促课；以证书为行业检验技能学习成果的门槛（20%），以证验课。教材鲜明的特点是：岗位描述—典型任务—能力类型—能力等级—学习情境—知识基础—赛课融通—书证融通—职业素养。教材编写体例的要点是：概述（产业—行业—职业—专业—课程—教材）—岗位群—典型任务—能力结构—学习情境—教学目标—教学内容—教学方法—案例分析—仿真训练—情境实训—综合实践—成果评价—教学资源—拓展学习。"岗课赛证"融通教材有助于促进学用一致、知行合一，增强适应性，提高育人育才质量。

"岗课赛证"融通教材以科研为引领，以课题为载体，具有以下特色。一是坚持方向，贯通主线，把牢政治方向，把习近平新时代中国特色社会主义思想，特别是关于教材建设的重要论述贯穿始终，把立德树人要求体现在教材编写的各个环节。二是整体设计，突出重点，服务中、高、本职业教育体系，着力专业课、实训课教材建设。三是强强结合、优势互补，通过统筹高端职业院校、高水平大学、顶尖科研机构、头部企业、一流出版社的协同创新，聚天下英才，汇优质资源，推进产教融合、职普融通、科教融汇，做出适应技能教育需要的品牌教材。四是守正创新，汲取历史经验教训，站在巨人的肩膀上，勇于开拓，善于创造，懂得变通，不断推陈出新。五是立足当下，着眼长远，努力把高质量教育要求体现在教材编写的匠心中，体现在用心打造培根铸魂、启智增慧、适应时代发展的精品教材中，体现在类型教育特色鲜明、适应性强的品牌教材中，体现在对教育产品的严格把关中，体现在对祖国未来、国家发展的高度负责中，为高质量职业教育体系建设培养技能复合型人才提供适合而优质的教材。

职业教育"岗课赛证"融通教材研编委员会

2023 年 3 月

前 言

一、教材编写目的

为贯彻党的二十大精神，实施科教兴国战略，强化现代化建设人才支撑，促进岗位需求、新形态一体化课程、网店运营推广职业技能等级证书以及中职电子商务技能大赛相融合，实现"岗位需求—课程教学—企业考证—技能竞赛"的贯通培养，形成岗位能力、项目课程、竞赛交流、证书检验"四位一体"的技能人才培养模式，增强职业教育适应性，大幅提升学生实践能力，在调研了大量电子商务龙头企业，分析、提炼客户服务相关岗位的职业技能要求，收集并查阅了大量国内外文献资料的基础上，我们编写了本教材。

二、教材编写内容

本教材通过企业需求调研，明确客户服务所对应的职业岗位，以岗位要求为逻辑主线进行工作分析，以课程改革为核心推动育人模式变革，从技术岗位复合型人才需求出发，以典型工作项目为载体，以行业认证、技能竞赛的能力和素养要求为目标整合教学内容，提炼了6个项目，共计19个典型工作任务，构建了行业企业共同参与的模块化、能力递进式的内容体系。

三、教材编写分工与体例

本教材由广州市财经商贸职业学校李志宏、重庆市九龙坡职业教育中心骆永华担任主编，由北京市信息管理学校王淼静、咸阳市秦都区职业教育中心刘卫平担任副主编，参与编写的人员还有：北京市信息管理学校王洪霞、广州市财经商贸职业学校黄苑、咸阳市秦都区职业教育中心曹春峰、重庆市九龙坡职业教育中心陈良华、重庆市九龙坡职业教育中心张亚、淄博信息工程学校张永丽。中教畅享科技股份有限公司、北京鸿科经纬科技有限公司结合技能竞赛、职业技能等级标准深度参与了本教材提纲、编写理念与内容的设计，并为本教材提供了大量的案例资源和素材。

在本教材的编写过程中得到了教育部职业教育发展中心曾天山副主任及各大院校教师的精心指导和大力支持，在此对各位专家的辛勤工作表示衷心的感谢。

本教材的编写团队充分体现了校企合作的特点，在教材编写前经过校企专家充分论证，总结出了结构清晰、逻辑合理的教材提纲，编写体例充分体现了产教融合的特点，充分融入真实工作岗位、技能竞赛、职业技能等级标准的要求，每个项目都设计有学习目标、学习导图、案例导入、具体任务、同步测评5个环节，每个具体任务都设计有任务描述、任务准备、任务实施、任务评价、任务拓展等栏目，以"岗课赛证综合育人机制"编排教材内容。

四、教材编写特色和创新

本教材在思想性上，融入理想信念、团队精神、创业精神等课程育人元素，强化学生职业素养养成和专业技术积累，努力实现职业技能训练和职业精神培养的高度融合；在设计思路上，以理实一体化设计和"岗课赛证"融通的系统化设计来体现职业教育的类型特色，实现综合育人；在表现形式上，采用新形态一体化设计，针对学生的现状和可持续发展，构建新形态一体化教材并配套开发数字化教学资源；在编写团队上，突出了校企合作特色。

本教材配有视频学习资源，可扫描书中的二维码图片进行查看；同时配套授课教案、演示文稿等辅教辅学资源，请登录高等教育出版社新形态教材网（https://abooks.hep.com.cn）获取相关资源。详细使用方法见本教材最后一页"郑重声明"下方的"学习卡账号使用说明"。

鉴于电子商务行业的迅速发展和新技术快速更迭，加之编者水平有限，尽管在编写过程中力求准确、完善，但书中难免存在一些不足之处，敬请广大读者批评指正。读者意见反馈邮箱：zz_dzyj@pub.hep.cn。

编　者

目　录

导 论

对于当下技术技能型人才的培养，《国务院办公厅关于深化产教融合的若干意见》指出："深化产教融合，促进教育链、人才链与产业链、创新链有机衔接，是当前推进人力资源供给侧结构性改革的迫切要求，对新形势下全面提高教育质量、扩大就业创业、推进经济转型升级、培育经济发展新动能具有重要意义。"电子商务技术技能型人才的培养主要通过产业、创新、人才和教育四个链条来实施，科技创新带动产业发展，产业发展必须有适配的人才支撑，人才的培养离不开教育。

一、电子商务行业产业链分析

随着国民经济的快速发展以及信息化的不断深入，我国电子商务行业虽然历经曲折却取得了骄人的成绩。"十三五"时期，面对复杂严峻的发展环境，在党中央、国务院坚强领导下，商务部、中央网络安全和信息化委员会办公室、发展和改革委员会等相关部门会同各地方加强政策协同，共同推动电子商务实现了跨越式发展，《电子商务"十三五"发展规划》主要目标任务顺利完成，在形成强大国内市场、带动创新创业、助力决战脱贫攻坚、提升对外开放水平等方面作出了重要贡献。

"十四五"时期，我国进入新发展阶段，电子商务高质量发展面临的国内外环境发生着深刻且复杂的变化。如何在这一期间得到更快的发展，成为众多电商企业亟待解决的问题。因为电子商务从诞生的一刻起，就不是一个孤立的产业或系统，而是一个产业带动性强、辐射面广的产业链。电子商务产业链主要涵盖了从生产者到消费者中间所涉及的商品供应商、电子商务平台以及物流、支付等环节。电子商务产业链的本质是"协同商务"，上游、中游和下游企业包括商品供应商、物流服务商、电子商务平台、网络支付平台等，它们分工协作、优势互补，共同形成"价值链"。

在经济全球化、信息爆炸的互联网时代，电子商务产业链上游的影响力逐步降低，随着产业链中游各大电子商务平台的完善和成熟，电商企业之间的竞争会愈演愈烈。然而，国内很多企业都非常关注战略问题、成本问题、技术问题、人才问题等，而往往忽略了客户服务这个企业赖以长期生存的命脉。事实上，开发市场最有效、成本最低的一种方法就是提供优质的客户服务。如今，客户服务已经成为企业形象的窗口、市场竞争的焦点、企业争取和维系客户的重要手段。

从国际看，世界经济数字化转型加速，新一轮科技革命和产业变革深入发展，由电子商务推动的技术迭代升级和融合应用继续深化。双边、区域经济合作势头上升，"丝路电商"朋友圈不断扩大，消除数字鸿沟、推动普惠发展的需求日渐增强。同时，世界经济陷入低迷，经济全球化遭遇逆流，单边主义、保护主义、霸权主义抬头，电子商务企业走出去遇到的壁垒增多，围绕隐私保护、数据流动等数字领域规则体系的竞争日趋激烈。

从国内看，我国已转向高质量发展阶段。新型基础设施加快建设，信息技术自主创新能力持续提升，为电子商务创新发展提供了强大支撑。新型工业化、信息化、城镇化、农业现代化快速发展，中等收入群体进一步扩大，电子商务提质扩容需求更加旺盛，与相关产业融合创新空间更加广阔。同时，我国宏观环境面临复杂变化，电子商务发展面临的不平衡、不充分问题仍然突出。城乡间、区域间、不同领域间电子商务发展水平不平衡，企业核心竞争力不强，技术创新能力还不能适应高质量发展要求。数据产权、交易规则和服务体系不健全，数据要素价值潜力尚未有效激活，与电子商务业态模式创新相适应的治理体系亟待健全。

综合判断，我国电子商务发展机遇大于挑战，必须增强机遇意识和风险意识，认清矛盾变化，把握发展规律，抓住机遇，应对挑战，努力在危机中育先机、于变局中开新局。

二、电子商务行业创新链分析

云计算、大数据、元宇宙、人工智能等技术的发展，将大大促进电子商务服务模式和商业模式创新。电子商务行业将向智能化方向发展，由此可能引发数据服务业的兴起，以及个性化、精准化营销的发展。

电子商务国际化发展进程将加快。一方面，未来几年中国电子商务从业人员、电子商务服务商的国际化发展将进一步加快，通过电子商务低成本地拓展海外市场正在成为众多企业的共同选择。另一方面，中国良好的经济发展势头和巨大的市场空间将促使国外电子商务服务商进入中国市场的步伐进一步加快。

电子商务与传统产业融合进一步加深。随着电子商务与实体经济深度整合，电子商务与企业内部信息化界限趋于消失。生产商与消费者之间的信息不对称壁垒正在消除，企业的成败将在更大程度上受到互联网的影响。

电子商务行业将与人工智能、虚拟社区、移动通信等应用进一步融合，同时电子商务还将转向以用户为中心，融合相关互联网应用，满足用户日益个性化和多元化的需求。个性化、精准化营销的作用将更加突出，将成为商业服务、商业基础设施和现代服务业的重要环节，电子商务服务平台将成为电子商务服务业的核心，引发新的产业模式创新。

随着电子商务行业产业的转型升级，电商企业已经无法只依托传统方式来服务客户。想要为客户提供更好的服务体验，必须顺应行业发展潮流，必须以"新技术、新思维"应对行业发展"新趋势"，采用智能客服与人工客服高效协同的方法提高商品销量。

三、电子商务行业人才链分析

随着电子商务行业的飞速发展，对于专业人才的要求越来越高，岗位（群）由原来的粗犷模式变为精细化划分，岗位职责也逐步清晰。其中，电子商务相关岗位涉及初级、中级、高级等不同层次的人才，在整个产业链中，按照职业活动所需技能的难易程度，从低到高依次为操作、实施、管理、运营、设计。企业作为电子商务产业的终端，直接接触消费者，其中初级电子商务人才在整个电子商务产业中主要集中于企业一线，从事的相关岗位主要包括推广、美工、客服等。相关调研数据显示，客户服务岗位（群）是最适合应届生的岗位（群）之一，同时也是人才需求占比相对较大的岗位（群），主要包括人工客服、智能客服训练师等岗位。以下为该岗位（群）为适应行业转型升级形成的职责，以及对专业人才（初级、中级、高级）能力素质（职业能力）提出的要求。

（一）人工客服岗位职责及要求

人工客服岗位职责：

（1）售前咨询回复：及时响应并处理客户关于商品、促销活动、店铺活动等方面的咨询。

（2）售后问题处理：及时处理退换货请求，解决客户投诉，确保客户满意度。

（3）订单管理：监控订单处理流程，协助解决订单执行中的问题，确保顺利配送。

（4）客户问题收集与反馈：记录客户反馈的问题，提供给相关部门以优化商品和服务。

（5）客户关系维护：通过有效沟通建立良好的客户关系，推动重复购买和口碑传播。

人工客服岗位要求：

（1）中专及以上学历，电子商务、市场营销等相关专业。

（2）具备优秀的书面和口头沟通能力，以及良好的倾听技巧。

（3）具有良好的问题解决能力，在面对客户问题时能快速思考并提供有效解决方案。

（4）熟悉客户服务平台的操作流程和规则，包括订单处理、支付系统和物流跟踪等。

（5）具备强烈的服务意识，把客户满意度作为首要任务。

（6）具有较强的抗压能力，能够在工作压力下保持专注，处理高强度的客户咨询和投诉。

（7）熟练使用常见办公软件，熟悉各种线上沟通工具的使用，熟悉网络交易流程。

（8）具有团队合作精神，能够有效地与团队成员合作，保证服务质量和效率。

（9）具备快速学习的能力，能够迅速学习和适应新产品或服务知识，以更好地解答客户的问题。

（二）智能客服训练师岗位职责及要求

智能客服训练师岗位职责：

（1）智能客服系统训练：负责对智能客服系统进行训练，包括知识库构建、对话脚本编辑、机器学习模型训练等，以提高服务的智能水平。

（2）数据分析与优化：通过分析客户与智能客服的互动数据，发现问题并优化智能客服的应答质量和准确率。

（3）更新与维护：及时更新智能客服知识库中的信息，确保回答的准确性和时效性，维护智能系统的正常运行。

（4）团队协作：与产品开发团队、技术支持团队等协作，共同改进智能客服系统。

（5）培训与指导：对内部客服团队进行智能客服系统使用培训和指导，提高团队对智能客服工作流程的理解和使用效率。

智能客服训练师岗位要求：

（1）大专及以上学历，电子商务、计算机、人工智能等相关专业。

（2）熟练掌握相关的数据分析工具和机器学习技术，了解自然语言处理等领域的基本知识。

（3）具有良好的沟通与协调能力，能够与不同背景的团队成员进行有效沟通并进行跨部门协作。

（4）具备良好的分析问题和解决问题能力，能在智能服务中快速识别并解决客户和系统可能遇到的问题。

（5）具备快速学习能力，能快速学习和掌握最新技术和行业动态，持续改进智能客服系统的性能。

（6）具有相关客户服务工作经验，理解电商或相关行业的客服流程和要求。

四、电子商务行业教育链分析

随着电子商务行业岗位（群）的变化和随之出现的职业能力需求的变化，使得学校专业建设与电子商务行业人才需求可能发生脱节，导致学校培养的学生不一定能完全满足岗位需求，因此建议不同层级（中职、高职专科、高职本科）职业院校优化专业（群）定位，完善电子商务人才培养体系，进一步强化"政、产、学、研、用、培"六位一体人才培养模式，鼓励平台、企业与院校联动，开展线上线下融合、多层次、多梯度的电子商务课程内容设置。通过政策引导，创新创业带动，课程体系调整，加大电子商务人才市场培育，强化电商人才创业培育孵化。

目前大多数中职学校开设的电子商务专业较为笼统，有时专业课程的设置受限于专业教师的人数和能力，因此在开设专业课程时，应该考虑学生将来的就业和发展需要，推动学校电子商务专业特色化，加快完善教材体系和内容更新，建立外部师资库，因地制宜办好电子商务学历教育，并积极发展企业新型学徒制、现代学徒制、订单式等培养模式，共建实用的电子商务人才培养体系，同时专业课程的设置可以更加倾向于实践类课程。理论课程的学习固然是必要的，但是学习的理论知识要为实践操作服务，因此在设置课程时尽量提供相应的条件，增加学生动手操作的机会。

五、结语

本教材服务的课程为"客户服务"，该课程属于中等职业教育电子商务专业的核心课程。该课程以客户服务岗位（群）要求为基础，以"岗课赛证"综合育人教材为连接纽带，将新形态一体化课程与网店运营推广职业技能等级证书、中职电子商务技能大赛相融合。在传统课程"做了"的基础上，以行业企业认证、技能竞赛的能力和素养要求为目标整合教学内容，指导学生不仅"做了"，还要"做到"，以符合企业基本需求，更要"做好"，以成长为高技能人才，最终实现"岗位需求—课程教学—企业考证—技能竞赛"的贯通培养。

对于教材内容的编排，在有针对性借鉴职教发达国家经验，总结推广中国特色学徒制的基础上，本教材加强了技能实训环节，确保技能实训有岗、有量、有指导。本教材对客户服务类技术技能人才的培养进行一体化设计，秉持"对接整合、重构再造、转换转化"的融通机制，把真实情境的岗位典型工作任务融入课程，把富有趣味的技能竞赛和具有含金量的职业证书融入学习成果评价，实现"工作要求""企业证书""竞赛内容""学习内容"之间的有效衔接和有机融合。

项目一

1 智能接待咨询

知识目标

- 熟悉商品专业知识的主要内容
- 掌握商品知识库构建技巧
- 熟悉客户消费心理分析的主要内容
- 理解基于消费心理的客户分类
- 熟悉客户消费心理分析方法
- 掌握欢迎语配置内容
- 理解欢迎语配置注意事项
- 掌握常见问答配置内容

技能目标

- 能够根据网店在售商品信息，结合客服应掌握的商品知识内容梳理商品信息，完成商品知识库构建
- 能够根据客户消费行为，结合与客户的沟通情况，分析客户类型；制定合理的沟通方案
- 能够根据网店在售商品信息，结合智能客服配置内容和注意事项，进行欢迎语和常见问答配置

素养目标

- 培养辩证思维能力和守正创新的意识
- 培养精益求精的匠心精神和理性消费的意识

学习导图

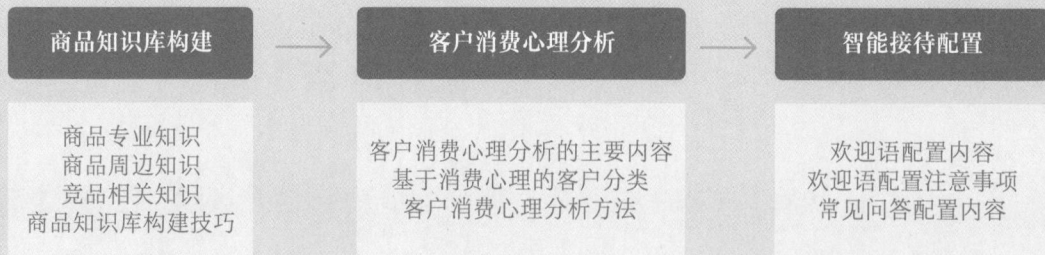

商品知识库构建　→　客户消费心理分析　→　智能接待配置

商品专业知识
商品周边知识
竞品相关知识
商品知识库构建技巧

客户消费心理分析的主要内容
基于消费心理的客户分类
客户消费心理分析方法

欢迎语配置内容
欢迎语配置注意事项
常见问答配置内容

案例导入

用智能客服破解客服效率难题

一家主营婴幼儿日常护理用品、儿童餐具、洗护用品、纸尿裤等商品的母婴用品旗舰店，在日常运营过程中非常重视客户体验和服务效率，并且组建了覆盖售前、售中、售后各个环节的专业客服团队。但是随着业务量的增多，店内客户咨询量不断攀升，每名客服人员每天需要接待500~600名客户。由于客服人员工作量大，导致无法及时响应客户咨询，更无法深度挖掘客户需求。如果增加客服人员数量，势必会增加人力成本。

面对这些难题，该旗舰店引入了智能客服工具作为专业咨询顾问，并组建了专业的人工智能训练师团队，负责对智能客服工具进行训练和优化，让智能客服工具变得"通人性、有温度"。人工智能训练师团队根据客户生命周期梳理高频咨询场景，为问题配置精准的答案，让回复内容更专业、更精准，从而能有效地解决客户提出的问题。

使用一段时间后，该旗舰店客服效率得到明显提升，众多的人工客服人员从日常烦琐、简单的咨询服务中解放出来，专注于为客户提供更专业、更个性化的咨询指导。该旗舰店服务满意度也得到明显提升，客服30秒应答率从87%提升到了95%，售前满意度达到90%，比之前提升了10个百分点。同时，该旗舰店的人力成本得到了有效控制。

任务描述

　　商品知识库是通过对网店商品信息及客户高频问题进行整理和分类构建而成的，它不仅包含商品的基本信息，如商品名称、描述、规格、价格、库存数量等，还包含商品的特性、用途、适用人群、品牌信息以及与商品相关的常见问题和解答。商品知识库不仅能够弥补客服人员传递信息不一致、专业性不足等问题，还能融入智能客服的识别和问答之中，让智能客服更加精准，实现智能客服与人工客服的高效协同。

　　本任务的主要工作内容：

　　1. 梳理网店在售商品信息。

　　2. 构建网店商品知识库。

任务准备

一、商品专业知识

　　商品专业知识包括但不限于商品外观、商品基本属性、商品保养与维护、商品安装及使用方法、商品的关联销售等。

（一）商品外观

　　客服人员要认真观察商品，掌握其显著的外观特点，然后通过语言进行准确描述。当客户咨询关于商品外观的问题时，客服人员应及时给出明确的答复。在销售图1-1-1所示的印花毛衣时，客户可能会问毛衣上的图案是印上去的还是手工织的，这时客服人员可以这么回复：

　　您好，您咨询的这款毛衣上面的图案是采用当前先进的数码直喷印花工艺印上去的，这种工艺的印花图案不褪色、透气且无异味，您可以放心购买。

▲图1-1-1　数码直喷印花毛衣

中国传统印染技术的发展历程

中国传统的纺织与印染技术具有非常悠久的历史，可以说"织"的存在引发了"染"的出现，人们知道了在骨、石、皮制品乃至羽毛上涂色，以求悦目或表达象征意义，当然也会在精心织出的丝织品上涂染颜色。

秦汉是中国染织业空前繁荣时期，其成就为后世染织工艺的发展奠定了雄厚广博的基础。汉代的印染技术相当完善，有浸染、套染、媒染等方法。

唐代的印染技术得到了空前发展，其中防染印花技术占主要地位。流行的印染方法有夹缬、绞缬、蜡缬、拓印及碱印等。

宋代的染织艺风一改隋唐的富贵、华丽、热烈，以典雅、和润、沉静代之。

明清印染技术追逐着丝织、棉织的飞跃发展，染料品种极为丰富，多达数百种。印染之精工细巧、色彩之明丽多变，前所未有。明代始创的"拔染法"是印染技术的一大转折，它改变了传统单一的防染技术，使生产效率成倍提高。所谓"拔染"，即利用某种化学药品褪去染色而得到白色花纹的方法。

（二）商品基本属性

商品基本属性包括但不限于商品的规格、成分及含量等，这些是客服人员必须掌握的商品知识，尤其是商品详情页中没有明确指出规格和型号的商品。例如，服装类商品往往款式多种多样，客户咨询关于服装的面料或材质时，及时准确的回复会增强客户对网店的信任感。

（三）商品保养与维护

对于商品保养与维护的方法和技巧，在客户购买商品时就应做出相关的阐述和说明，以确保客户在日后使用过程中可以对商品进行合理的养护，从而延长商品的使用寿命。因此，要根据商品的特性，归纳整理出对客户有价值的商品保养与维护方法和技巧。

（四）商品安装及使用方法

收到货后需要进行手动安装的商品，客户比较关心安装流程、注意事项。例如鞋柜、书架等大件商品，为了方便运输，商家通常采用组合件的方式进行发货，由客户收到货后自行进行安装。由于客户动手能力存在差异，所以在安装过程中会碰到各类问题。因此，详细的商品安装流程、注意事项、工具使用等方面的知识，客服人员都应该熟练掌握。除此之外，智能门锁、电话手表等电子产品通常需要下载配套的App才能进行使用，这类商品的使用方法也是客户咨询的高频问题。

（五）商品的关联销售

在学习商品知识时，客服人员应熟悉可以进行关联销售的相关商品，这有助于在服务客户的过程中迅速想到所要关联的商品，并进行关联推荐，提高客单价。需要注意的是，在为客户推荐关联商品时，一定要准确说出关联的理由，这样客户才容易接受。例如，提前准备一些与所售T恤相关联的商品，如裤子、鞋子等，以便在服务过程中抓住时机准确地推送给客户。

二、商品周边知识

商品周边知识一般是指与客户选择商品没有直接关系，但能在一定程度上指导或影响客户选择商品，加深客户对商品认知度的相关知识。下面主要从商品真伪的辨别和商品附加信息两个方面进行介绍。

（一）商品真伪的辨别

客户有时会疑惑自己所购商品的来源及真伪，尤其在网购时会对商品的真伪产生疑问。遇到这种情况时，客服人员需要掌握辨别商品真伪的方法，告知客户可以按照这些辨别方法直接检验商品的真伪，这样比反复强调商品的真伪更可信。对商品真伪辨别知识的掌握不仅可以增加客户对这类商品的认知，还能让客服人员的专业性得到认可。

（二）商品附加信息

商品附加信息是指除了商品的基础识别信息（如名称、价格、基本描述）之外，有关商品安全指南、环保认证、售后服务、客户评价、品牌故事等方面的信息。这类信息能增强客户对商品的全面了解，进而影响他们的购买决策。

三、竞品相关知识

随着商品同质化现象越来越严重，市场竞争非常激烈，在面对"为什么××家和你们家的款式一模一样，但价格更便宜"这样的疑问时，不要一味地贬低和怀疑他人，而是要让客户了解自己的商品，并通过对比同类商品突出自己商品的优势。

（一）商品质量

商品质量是客户选购商品时重点考虑的因素之一，客服人员不仅要全面掌握商品的相关知识（包括商品的材质、规格、板型、用途和卖点等），还要熟悉同类商品的信息，找出自身商品与其他商品的区别，强调自身商品的质量，从而让客户更加清楚自身商品的优势，进而留住客户。

（二）商品货源

除了要了解商品的质量外，客服人员还要了解商品的进货渠道和生产渠道，因为货源是影响客户选购商品的因素之一。正规的货源渠道不仅能保证商品的质量，还能让客户感受到网店经营的正规化、专业化，从而可以放心选购。

直通职场	**书店客服人员介绍商品案例**

客户：你好，我在你们店里看到了《××》这本书，不知道这本书是否适合我这种没有摄影基础的人？

客服：这本书虽然是教人如何一步一步成为摄影师的，但是其内容都是从零基础开始讲的。比如，第1章内容对市场上几款主流手机的配置进行了介绍。在具体内容上还通过图文的形式对具体硬件配置进行了详细的解读，即便是没有摄影基础，也可以通过作者的介绍全面了解手机的硬件配置。

客户：那么这本书会不会因为要讲清楚问题就花很大的篇幅讲同一内容呢？它不会就告诉我怎么拍照片吧？

客服：您放心，这本书的两位作者都具有丰富的摄影和写作经验，书中的内容既简洁又明了。另外，虽然拍摄技巧是本书的重要内容，但是除此之外，这本书还对手机内置功能、构图、色彩搭配、拍照App等方面分别进行了介绍。所以，从怎么设置、怎么拍照到怎么进行后期处理、怎么分享，这本书都可以给您提供一些实用的技巧。

客户：听了你详细的介绍，我更加确定了，这本书简直就是为我量身定制啊！我决定买一本看。

以上为客服人员与客户交流的部分内容，可以看出最初客户对商品是否适合自己存有顾虑。客服人员凭借自己掌握的商品知识，不仅回答了客户的问题，还对问题进行了一些延伸，增加了商品对客户的吸引力，促成了购买。

四、商品知识库构建技巧

（一）收集客户问答数据

在构建商品知识库之前，需要先收集和整理客户问答数据。可以通过抽样调查、客服人员记录等方式获取问题和答案，然后采用知识库沉淀和客户业务场景定制相结合的方式，制定深入场景的知识框架。

（二）创建知识库分类

在构建商品知识库时，可以根据网店商品分类情况设置知识库分类；也可以根据常见问题的类别进行分类，如关联营销、售后服务、促销活动等，便于查找所需的问题和答案。

（三）维护和更新知识库

商品知识库构建是一个动态的过程，需要不断维护和更新。特别是当客户提出新的问题或者新品上市时，需要及时更新到知识库中。除此之外，还需要监管已有问答的时效性，对不再适用的问题和答案进行删除或修改。

（四）知识沉淀与应用

商品知识库搭建的核心在于商品信息同步和共享。随着知识的沉淀和积累，知识库本身会变得越来越智能。知识库中信息的具体表达直接影响到客服人员的理解流畅度，进而关系到最终的客户满意度，因此设计时不仅内容要全面清晰，而且要让客服人员易于理解。

任务实施

任务背景：

由于尚宜旗舰店的规模和商品种类日益增加，大量的商品信息像碎片一样分散在各平台，没有集约化管理商品信息和素材的系统，客服人员查找商品信息时需要花费大量时间，或者需要找不同的负责人进行信息收集，十分影响工作效率。为了解决这个问题，客服主管安排小琳对在售商品结合客户高频问题进行商品信息的沉淀与管理，完成尚宜旗舰店商品知识库的构建（相关资料见 Abook 资源）。

任务要求：

1. 根据网店在售商品资料，梳理商品知识。
2. 根据梳理的商品知识，结合客户高频问题，构建商品知识库。

任务分析：

面对客户咨询时，由于客服人员对商品知识不熟悉，导致不能准确回复客户的问题，这样即使商品成功售出，也可能因为不专业导致很多售后问题，所以掌握商品知识是客服人员必备的硬性条件。例如，客户咨询某件衣服的材质，衣服本身的材质是聚酯纤维的，客服人员却回答是纯棉的，就可能会引发客户的投诉。客服人员如果在回答过程中因为不专业而产生商品信息上的错误，就很可能引发客户投诉，从而降低客户满意度和信任度。商品知识库是一个包含了各种商品信息的数据库，如商品全链路的档案资料、客户常见问题等。同时，它支持客服人员实时维护知识库内信息，方便客服人员快捷查询知识。

商品知识库是为客户服务的，因此在构建商品知识库时，除了基于商品本身进行资料整理外，还要进行换位思考，立足客户的角度进行商品知识归纳与整理，这样构建的商品知识库才更有实用价值。

任务操作：

任务操作1：以厨房用品的炒锅为例，梳理炒锅的商品类别信息、商品属性信息及商品销售信息等商品知识，填写表1-1-1。

表1-1-1　炒锅商品知识

商品类别信息			
品牌		规格型号	
商品材质		适用场景	
适用人群		所属类目	
商品属性信息			
商品颜色		商品重量	
商品尺寸		保养说明	
商品销售信息			
商品价格		促销方式	
配送方式		商品卖点	

任务操作2：根据客户高频问题，结合梳理的商品知识，提炼关键词答案，构建商品知识库，填写表1-1-2。

表1-1-2　尚宜旗舰店商品知识库

商品类目	商品问题	答案
厨房用品	库存充足的商品	
	销量排名前三的商品	
	榨汁机卖点	
	可以进行关联销售的商品组合	
日常收纳	享受会员专享优惠的商品	
	适用于厨房收纳的商品	
	真空压缩袋的卖点	

任务评价

评价任务	评价标准	评价结果			
		优	良	中	差
商品知识库构建	商品知识梳理的完整性				
	商品知识梳理的准确性				
	商品知识库构建的合理性				

　　爱侬旗舰店拥有上百种在售商品，并且大部分商品具有超过3种的SKU（最小存货单位），这就要求客服人员掌握大量的商品知识，工作量较大。而且确保商品信息的准确性对于爱侬旗舰店至关重要。同时，由于网店商品更新速度快，客服人员对商品知识的掌握无法跟上商品更新的速度，这使得整个客服团队在商品知识培训方面面临巨大压力。为了解决以上问题，爱侬旗舰店决定由专人来负责构建网店的商品知识库，以共享给所有客服人员（详细资料见Abook资源）。

任务二 客户消费心理分析

任务描述

　　客户从产生购买需求到购买商品，再到对商品进行评价，整个过程中心理是不断变化的。客户的心理变化会随着购买环节的不同而有所改变，因此客服人员必须熟知各种类型客户的消费心理，从与客户的交谈中挖掘有价值的信息，并搭配一定的销售技巧，达到推销商品的目的。

　　本任务的主要工作内容：

　　1. 分析客户类型。

　　2. 洞察客户消费偏好。

　　3. 制定适合的沟通方案。

任务准备

一、客户消费心理分析的主要内容

　　客户消费心理分析是指对消费者的心理需求和行为进行深入研究与分析，旨在了解消费者的购买决策过程、心理动机和行为模式，以及对商品或服务的感知、态度和满意度等方面的心理因素。通过客户消费心理分析，企业可以更好地了解消费者的真实需求，预测和解读他们的购买行为，从而制定有效的市场策略和营销方案。客户消费心理分析主要涉及以下几个方面的内容：

（一）感知与认知

　　感知与认知是客户在购买决策中的关键心理过程。客户会通过感官对商品或服务进行感受和识别，然后对其进行认知和评估，主要包括外观、特性、功能、品质等方面的感知与认知。感知与认知会对客户的购买决策产生较大的影响，因为客户的购买决策在很大程度上基于他们对产品或服务的认知。

（二）情感与态度

　　客户的情感与态度对其购买决策和行为具有重要影响。情感指客户对商品或服务的情感体验，包括喜好、满意度、信任等。态度指客户对品牌、企业和市场的整体评价。这些情感与态度会影响客户对品牌的忠诚度、重复购买意愿以及口碑传播等，因此可以通过了解客户的情感与态度来提升品牌形象和市场竞争力。

（三）需求和动机

客户的需求和动机是驱使他们进行购买的重要因素。需求可以是生理需求、心理需求或社交需求等，动机则是推动客户满足这些需求的内在驱动力。了解客户的需求和动机可以帮助企业了解客户购买商品的真实目的和关注点，提供有针对性的商品和服务。

（四）购买决策过程

客户在购买决策过程中会经历需求识别、信息搜索、评估比较和购买行为等阶段。在这些过程中，客户会受到多种因素的影响，如个人需求、认知偏好、社交影响、品牌形象和营销活动等。了解客户购买决策过程可以帮助企业更好地制定营销策略，满足客户的需求，并促使其转化为实际购买行为。

（五）反馈和口碑传播

客户的反馈和口碑传播对企业的形象和声誉具有重要影响。客户会通过各种途径表达对商品或服务的满意度、意见和建议，以及在社交媒体、口碑平台等渠道分享他们的购买体验。了解客户的反馈和口碑传播有助于企业了解客户对商品的真实反应，从而进行商品改进和服务提升。

博文 约礼	合理消费的原则 — □ X
	消费可以满足人们的生活需求，提高生活质量，但也会给人们带来一定的经济压力。因此，如何进行合理消费成为值得大家认真思考的问题。 1. 理性购物 在购物之前仔细分析自己的需求，制订一个合理的购物计划。同时，对商品的质量、价格、使用寿命等进行全面评估，避免盲目跟风或贪图便宜而选择低价劣质商品。 2. 规划预算 在购物前制定一个合理的预算，明确每个商品的价值和自己的购买能力。在购物时严格按照预算进行，避免超出预算而产生不必要的经济负担。 3. 择优选购 择优选购是合理消费的一个重要原则。在购物时比较不同品牌、不同型号的商品，选择最适合自己的商品。同时，注意商品的质量、价格、性能等因素，选择性价比高的商品。 4. 节约能源 节约能源是合理消费的一个重要方面，应该尽量选择节能的商品和可循环再利

用的商品，减少垃圾的产生。

5. 保护环境

保护环境是合理消费的重要原则之一，应该尽量选择环保的商品，减少污染物的排放。

综上所述，只有通过合理消费，才能实现经济效益、社会效益、环境效益的统一。

二、基于消费心理的客户分类

客户的心理是影响消费行为的关键因素之一。不同的心理会对客户的购买决策产生不同的影响。因此，了解不同消费心理的客户特点对于构建有实用价值的商品知识库特别重要。

(一) 基于客户的购买动机进行划分

根据客户购买动机的不同，可以将客户划分为实用型客户、情感型客户、个性化客户。

1. 实用型客户

实用型客户是以实用性为主要购买动机的客户，购买商品的目的是满足自己的日常需要。对于这类客户，商品的性能、质量和价格是最主要的考虑因素。因此，在沟通过程中，客服人员应着重强调商品的实用性、性价比和质量。

2. 情感型客户

情感型客户是以情感需求为主要购买动机的客户，购买商品的目的是满足自己的情感需求，如自我表达、情感交流等。对于这类客户，商品的外观、品牌和口碑是最主要的考虑因素。因此，在沟通过程中，客服人员应着重强调商品的品牌形象、口碑和情感价值。

3. 个性化客户

个性化客户是以个性化需求为主要购买动机的客户，购买商品的目的是满足自己的个性化需求，如追求独特、个性化、个人定制等。对于这类客户，商品的个性化定制、专属服务和独特性是最主要的考虑因素。因此，在沟通过程中，客服人员应着重强调商品的个性化定制、专属服务和独特性。

(二) 基于客户消费心理状态进行划分

根据客户消费心理状态的不同，可以将客户划分为理性客户、感性客户、冲动型客户。

1. 理性客户

理性客户是指在购买商品时会充分考虑商品的性能、质量、价格等因素，做出理性决策的客户。这类客户注重实际效用，对于不必要的消费会有较强的抵触情绪。因此，在沟通过程中，客服人员应注重强调商品的实际效用和性价比。

2. 感性客户

感性客户是指在购买商品时会关注商品的外在形象、品牌、口碑等方面的因素，容易被商品的情感价值所吸引的客户。这类客户注重消费体验，对于独特、个性化的商品有较强烈的兴趣。因此，在沟通过程中，客服人员应着重与客户建立信任和共鸣。

3. 冲动型客户

冲动型客户是指在购买商品时会受到一些突发因素的影响，容易做出冲动决策的客户。这类客户注重消费的即时满足，对于相对刺激性的商品有很强烈的兴趣。因此，在沟通过程中，客服人员应着重强调商品的优惠信息和情感价值，并加强对客户的引导和管理。

（三）基于客户消费行为特点进行划分

根据客户消费行为特点的不同，可以将客户划分为忠诚型客户、比较型客户、特定型客户。

1. 忠诚型客户

忠诚型客户是指对某个品牌商品有着很高的忠诚度，往往会固定地购买某个品牌商品客户。这类客户注重品牌的信任度和口碑，对于品牌的价值认同度很高。因此，在沟通过程中，客服人员应着重强调品牌的信任度和口碑，在保证商品质量的同时加强对忠诚型客户的关怀和服务。

2. 比较型客户

比较型客户是指在购买商品时会进行多个品牌商品之间的比较，选择最优商品的客户。这类客户注重商品性价比和市场竞争力，对于不同品牌商品的差异和优缺点有很高的敏感度。因此，在沟通过程中，客服人员应着重强调商品的性价比和市场竞争力，加强对比较型客户的引导和促销。

3. 特定型客户

特定型客户是指只对某些特定品牌商品有购买需求，往往会在特定场合或时间购买该商品的客户。这类客户注重购买的场合和时间，对于商品的品质和价格有较高的要求。因此，在沟通过程中，客服人员应着重强调与商品相关的特定场合和时间方面的营销策略，提高商品的品质和服务水平。

常见的客户
消费心理类型

> **行业洞察**
>
> — □ X
>
> **影响客户消费行为的心理学效应**
>
> 1. 锚定效应
>
> 锚定效应指的是人们在对某人某事做出判断时，易受第一印象或第一信息支配，就像沉入海底的锚一样把人们的思想固定在某处。

这是为什么很多人看上了某个商品但因为太贵当时没买，后来发现打折后就会立即买下。当时的原价已经在你心中占据了第一印象，打折就会让你觉得便宜了，甚至觉得自己赚到了。所以，大多数打折商品都会保留原价，让你对商品的价值有一个印象。

2. 从众效应

从众效应是指个体在群体压力下改变其行为、观点或行动以适应群体的一种社会心理现象。客户在购物时常常受到从众心理的影响，例如在线购物时，商品详情页的客户评价往往对潜在客户的购买决策有很大影响。如果一个商品拥有大量的正面评价，潜在客户会因为感受到一种"大家都认为这是个好商品"的社会认同感，从而更愿意购买该商品。

三、客户消费心理分析方法

（一）收集客户信息

在与客户交流的过程中，客服人员应尽可能多地收集客户的信息，如年龄、性别、职业、收入、教育背景等。这些信息有助于客服人员准确地理解客户的需求和偏好。

（二）观察客户行为

注意观察客户在购买商品或使用服务过程中的行为表现。例如，客户是否经常询问某些特定问题，或者对某些商品功能表现出兴趣。这些行为可以揭示客户的消费心理和需求。

（三）倾听客户反馈

在沟通过程中，客服人员应认真倾听客户对商品或服务的反馈，包括满意和不满意的地方、改进建议等。这些反馈可以反映客户的消费体验和期望，帮助客服人员更好地满足客户需求。

（四）分析客户情感

注意客户的情感变化，如喜怒哀乐。情感变化往往与客户的消费心理密切相关。例如，客户对商品不满意可能表现出愤怒或失望，而满意的客户可能表现出愉悦和满足。

（五）利用数据支持

利用数据分析工具，对客户消费行为进行数据挖掘。客服人员通过分析客户的购买历史、浏览记录、搜索关键词等数据，可以发现客户的消费趋势和偏好，从而更准确地把握客户消费心理。

任务背景：

近期，某网店推出多款日用百货商品。新颖、美观的商品设计吸引了大批客户进店咨询，获得了极高的关注度。前期，网店已经引入智能客服来缓解人工客服的工作压力，客服回复效率及客户满意度都得到了提升，但整个网店的销售情况却不够理想。客服主管经过评估发现，虽然智能客服提高了接待效率，但仍然存在一些问题，例如，智能客服回答问题的准确率和针对性不够，无法满足客户需求。为了更好地满足客户需求，客服主管安排小琳复盘客户会话记录，依据消费心理对客户类型进行分析，深入了解客户的诉求，为智能客服的配置优化提供依据（相关资料见Abook资源）。

任务要求：

1. 根据客户会话记录和消费心理，分析客户类型及消费偏好。

2. 根据客户消费偏好，结合客户消费特点，制定合理的沟通方案。

任务分析：

客服人员可以通过询问和倾听，观察客户的购买决策过程，关注客户在决策过程中的行为和表现，判断客户类型和消费偏好。例如，某类客户会仔细研究、对比商品，看重性能、功能和性价比，他们的会话记录可能包含"性价比""这个功能很实用"等内容。通过会话分析，客服人员可以初步归纳客户类型为实用型客户，进而理解他们的消费偏好。在了解了客户的消费偏好后，客服人员可以采取有针对性的沟通方法，以提高沟通效果和客户满意度。以实用型客户为例，客服人员可以提供详细的商品信息、功能对比等，帮助客户做出明智的购买决策。

任务操作：

任务操作1：根据客户会话记录，分析客户关注重点，判断客户的类型，填写表1-2-1。

表1-2-1　客户类型分析

客户ID	会话记录	咨询商品	客户关注重点	客户类型

任务操作2：根据客户类型，分析客户的消费偏好，制定合理的沟通方案，填写表1-2-2。

表1-2-2　客户消费心理分析与沟通方案制定

客户ID	客户类型	消费偏好	沟通方案

评价任务	评价标准	评价结果			
		优	良	中	差
客户消费心理分析	客户消费心理分析的全面性和准确性				
	客户消费偏好分析的准确性				
	客户沟通方案制定的合理性				

　　爱依旗舰店在"双11"购物季之后，对整个营销活动进行了详细复盘，发现网店流量在活动期间大幅提升，但咨询转化率却相对较低。经过深入分析，客服主管发现主要是由于客服人员缺乏对客户消费心理的分析和判断。为了提升转化率和客户满意度，客服主管安排小乔选取几个典型的沟通案例，对客户的消费心理进行分析并制定合理的沟通方案（详细资料见Abook资源）。

任务三　智能接待配置

任务描述

随着客户要求的不断提高，网店在服务营销方面的能力需要不断增强。传统的人工客服存在成本高、响应慢等问题，所以许多网店会选择借助智能客服（在线机器人）来缓解网店人工客服的压力，将服务化繁为简。网店若想高效使用智能客服，需要为其配置欢迎语和常见问答。欢迎语和常见问答配置是智能客服的核心功能，能否精准识别客户咨询的问题并进行回复取决于配置的完善程度。

本任务的主要工作内容：

1. 智能客服欢迎语配置。

2. 智能客服常见问答配置。

3. 配置效果测试及优化。

任务准备

一、欢迎语配置内容

欢迎语是在客户进入咨询消息窗后立刻向客户发送的欢迎信息。欢迎语一般适用于两种情况：① 希望客户一进店就可以快速了解店铺信息，解决客户常见的简单问题。② 店铺无人接待时，希望客户一进店咨询就可以了解接待时间等信息。

欢迎语可以帮助商家提高接待效率，强化客户进店后的首问服务体验，加强进店后的"第一印象"。客服人员可以根据客户的进店场景配置差异化的欢迎语，以满足不同的欢迎语触发需求。一般而言，平台支持配置通用欢迎语和商品欢迎语两种。

（一）通用欢迎语配置内容

不同时间段下，网店的服务情况是不同的，需要结合网店当时的实际情况提供对应的服务，给客户带来贴切的服务体验。在设置欢迎语时，可以根据客户订单的售前、售后状态编辑不同的欢迎语内容。

1. 售前通用欢迎语

客户进入网店首页，浏览网店内的商品、分类、活动信息有疑问或需要售前导购时会单击会话入口，进入咨询会话场景。因此在售前阶段，可以配置进行中的优惠活动、热销商品或关注店铺引导等简短内容，作为主动营销类消息进行首条推送，让客户在第一时间得知店内活动信息，减少咨询，提高客户自助下单的速度和转化率。

2. 售后通用欢迎语

客户需要咨询订单的售后服务、发货时效或物流等相关问题时会在订单列表中单击会话入口，进入咨询会话场景。因此在售后阶段，可以配置通用的售后服务保障、售后问题处理时效、客户收货后处理办法及安抚话语等简短内容，有助于缓解客户的焦虑情绪，提高售后问题解决效率。

3. 无人接待欢迎语

对于中小型网店来说，很难做到客服人员7×24小时在线。在客服人员临时离开或工作时间外，客户咨询无法得到及时响应。在这种情况下就需要提前设置好无人接待欢迎语，当无人接待或全员挂起时，能够提供基本的咨询服务，缩短客户的等待时间，减轻客服负担。

<table>
<tr><td>直通
职场</td><td>

网店通用欢迎语文案

1. 售前通用欢迎语文案

（1）您好，欢迎光临×××店，我们正在进行×××活动，关注店铺可以领取×元优惠券哦！

（2）您好，欢迎光临×××旗舰店，请问您看中了哪些商品？我可以帮您介绍一下。能下单的商品全部都有货。

（3）欢迎您的光临。请问有什么可以帮到您的？我们×××店正在参加"618"促销活动，店内全部商品都参加满×××减××的活动哦！活动期间关注店铺还可以领取××元店铺优惠券，可以在折扣价的基础上使用！

2. 售后通用欢迎语文案

（1）欢迎光临！有什么售后问题我可以为您解决吗？

（2）谢谢您的支持，我们的商品都提供七天无理由退换货服务，收到商品后遇到什么问题，请您第一时间联系我们，我们会尽最大努力帮您解决问题！

（3）非常感谢您的支持，我们会在第一时间为您安排发货，请您耐心等待一下。订单出现任何问题，都可以随时与我们联系，祝您购物愉快。

3. 无人接待欢迎语文案

（1）您好，当前咨询人数较多，您有什么问题可以先留言，稍后客服人员会在第一时间为您服务。

</td></tr>
</table>

（2）欢迎光临！很抱歉暂时没有客服人员在线为您提供服务，但您可以给我们留言，我们会尽快回复您。谢谢您的理解和耐心等待！

（3）欢迎光临，有喜欢的商品可以直接拍下哦，都是有货的，我们会尽快为您发出。客服人员有事暂时不在线，有事请留言哦。

（二）商品欢迎语配置内容

客户进入商品详情页后，如果对商品的相关细节、评价、物流及售后服务等方面有疑问，会单击会话入口，进入咨询会话场景。网店可以针对特定商品为其配置具备商品特色的简短内容，主动展示该商品的卖点、涉及的优惠活动或特色服务，提升客户下单的意愿。

二、欢迎语配置注意事项

（一）欢迎语要简洁明了

欢迎语应该简洁明了，让客户一眼就能看懂，避免过于复杂或难以理解的语言。图1-3-1所示为两个网店的欢迎语内容。两个网店欢迎语都由两部分构成：一部分是简单的描述文案，介绍本店正在进行的活动。另一部分是针对活动和热销商品的关键信息链接。两部分内容设置为不同的颜色，层次清晰，重点突出。客户可以通过单击醒目的橙色信息详细了解具体的内容。

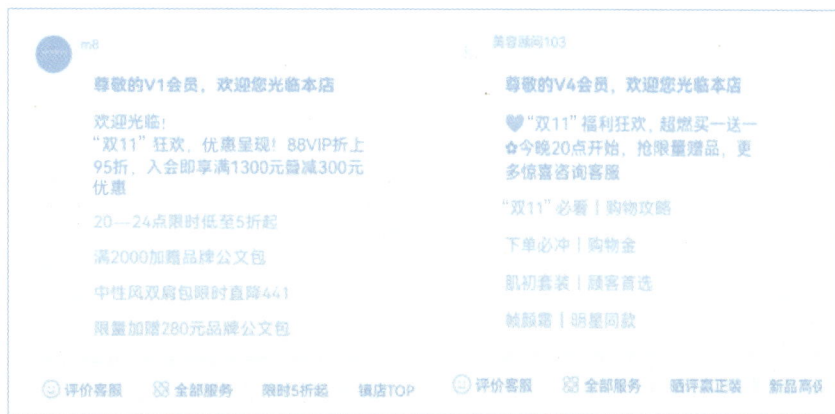

▲图1-3-1 两个网店的欢迎语内容

（二）欢迎语要融入店铺特色

在撰写欢迎语文案时，一定要充分考虑网店的特点和目标客户的需求，在做到简洁明了、吸引眼球的同时，还要传递出文化和价值观。例如，在欢迎语文案中，可以使用与网店相关的关键词，如网店名称、品牌口号、商品名称等，这样可以增强网店的品牌形象，并让客户更容易识别和记住。

（三）欢迎语要及时更新

欢迎语应该及时更新，紧跟最新动态和时令季节等变化，让客户感受到网店的新鲜感和活力。客服人员可以根据客户的高频问题和节日活动，及时调整、更新欢迎语。例如"618"活动预热期间，进店的客户基本会问"618"有什么优惠活动。在此期间，建议将欢迎语调整成"618"的活动说明。到了活动收尾期，开始进入售后高峰期，这时网店的欢迎语可以更多地针对售后问题进行说明。

三、常见问答配置内容

（一）问题配置内容

问题配置是针对客户在与智能客服对话交互过程中实际发出的指令或请求，通过添加问题和相似问题的方式来进行配置。在配置问题时，最好能够提供多种不同的客户问法，覆盖不同的语法形式。例如，针对箱包行业咨询商品适用的人群问题示例如表1-3-1所示。

表1-3-1 箱包行业咨询商品适用的人群问题示例

问题描述：咨询商品适用的人群，常见的有男人、女人、小学生、初中生、高中生及大学生、中老年人等	
问题示例	包包适合什么年龄背
	男生可以用吗
	适合多大年龄
	宝妈可以背吗
	初中生可以背吗
	大学生可以背吗
	适合几岁的呢
	请问这款包适合学生上学用吗
	中学生能当书包用吗

（二）答案配置内容

答案配置是根据不同的问题场景，结合店铺提供的服务和商品资料为每个问题配置标准化的答案。

1. 聊天互动

聊天互动包括问候类和结束类两方面。问候类聊天互动用于与客户建立起初步的交流，包括打招呼、询问客户需求等，旨在向客户表示欢迎并表达服务意愿。

"您好！很高兴为您提供服务，请问有什么可以帮助您的？"

"Hi！很高兴您光临我们的店铺！有什么我可以帮您解决的问题吗？"

结束类聊天互动用于与客户的结束对话，包括道别、确认客户是否还有其他问题等，旨在结束对话并向客户表示感谢和祝福。在适当的情境下，可以发送表情符号来增加感情和互动性。

"再次感谢您选择我们的商品！如果需要进一步的帮助，请随时告知。祝您生活美满！"

"谢谢您的咨询！如有其他疑问，别犹豫，随时与我们联系。祝您一切顺利！"

直通职场	**创建自助客户服务页面** 　　创建自助客户服务页面就是创建一个为客户解决问题的知识库，让客户能够找到简单问题的答案，也就是为客户提供一种自助获取解决方案的服务。这是当前客户普遍喜爱的一种服务方式。相较于电话、邮箱等方式，客户更倾向于用自己的方式处理一些简单的问题。所以，建立自助客户服务页面是企业进行客户服务创新的必然选择。

2. 商品问题

客户可能会咨询关于商品的具体信息，如价格、规格、功能等。因此，在配置商品问题的答案时可以提供相关的商品详情，并根据客户的需求提供适当的建议。

"请问您对哪款商品感兴趣？我可以提供关于价格、规格和功能等方面的详细信息。"

"这款商品是我们的热卖商品，价格实惠，品质可靠。您还有其他需要了解的方面吗？"

3. 活动优惠

客户可能咨询当前是否有优惠活动，并了解活动的具体内容和参与方式，因此可以配置最新的促销活动和优惠信息，包括折扣、满减、赠品等。

"目前我们有一个促销活动，您可以享受×折优惠，购买满××元还可以获得赠品。"

"我们最新的优惠活动是××。您可以享受到折扣和其他特别优惠，请问您对此感兴趣吗？"

4. 购买操作

网店在进行商品问答配置时可以加入客户购买操作的指引，包括选择商品、加入购物车、结算支付等步骤。在进行答案配置时可以提供简单明了的指导，解答客户可能遇到的问题，并确保客户顺利完成购买过程。

智能客服的
工作逻辑

"请问您已经确定购买哪个商品了吗？我可以引导您完成下一步的操作，让您实现轻松购物。"

"购买非常简单，您只需要选择心仪的商品，添加到购物车，然后按照指引完成支付即可。需要我为您提供更详细的购买指导吗？"

5. 物流问题

客户可能会有关于物流方面的问题，如配送时间、快递追踪等，在针对物流问题进行答案配置时可以提供实时的物流信息查询，并解答客户的疑问或者帮助客户处理物流问题。

"很抱歉给您带来不便，请告诉我您的订单号，我会帮您查询最新的物流信息。"

"我们的物流合作伙伴会尽快安排配送，一旦有任何新进展，我会第一时间通知您。如果您需要查看物流信息，请提供给我订单号。"

6. 售后服务

在进行售后服务配置时，可以围绕修改订单信息、退换货政策和安装等问题进行答案配置。

（1）修改订单信息。当客户咨询关于修改订单问题时，如修改收件地址、联系方式、配送方式等，可以配置帮助客户进行订单修改和相应操作指导的内容。

"很抱歉给您带来不便，若您需要修改订单信息，请提供订单号和具体修改内容，我会帮您核实并尽力协助您进行修改。"

"若您需要修改订单的收件地址、联系方式或其他信息，请您告诉我订单号和具体需要修改的内容，我会尽快帮您处理。"

（2）退换货政策。如果客户遇到需要退换货的情况，可能咨询退换货政策。客服人员可以根据退换货政策设置回复内容，指导客户提交退换货申请，并提供相应的退换货流程支持。

"如果您需要退换货，请您提供订单号，说明退换货原因，我会帮您了解退换货政策，并提供相关操作指导。"

"很抱歉您遇到这样的情况，希望能够协助您解决。请告诉我您的订单号和退换货具体情况，我会协助您提交退换货申请。"

（3）安装问题。客户在收到商品后可能会遇到安装方面的问题，因此可以根据客户的具体情况，配置安装指导或者联系相关人员解决客户安装方面的问题。

"如果您在安装商品时遇到问题，我可以为您提供相关的安装指导和帮助。请告诉我您遇到的具体情况，我会尽量协助您解决。"

"为了更好地帮助您解决安装问题，请告诉我您遇到的商品安装难点和具体要求，我会提供相应的帮助和指导。"

人工智能训练师国家职业技能标准

2021年11月，中华人民共和国人力资源和社会保障部、工业和信息化部发布了人工智能训练师国家职业技能标准。人工智能训练师的定义为：使用智能训练软件，在人工智能产品实际使用过程中进行数据库管理、算法参数设置、人机交互设计、性能测试跟踪及其他辅助作业的人员。

人工智能训练师国家职业技能标准分为5个等级，由低到高分别是五级、四级、三级、二级、一级，从数据采集和处理、数据标注、智能系统运维、业务分析、智能训练、智能系统设计等方面对各个等级的职业能力给出了具体的描述和要求。

人工智能训练师国家职业技能标准的发布，有效地促进了人工智能训练师职业的规范化和规模化发展，有助于实现社会生产力的整体跃升。

**任务
实施**

任务背景：

某网店的多款新品参与了平台的"上新季"活动，由于活动力度大，吸引了大批客户进店咨询，咨询量超出了人工客服的接待能力，这导致了客户咨询体验不佳。同时，部分客户咨询时间与客服人员工作时间不一致，导致客户问题无法得到及时回复，造成了客户流失。为了改善这种情况，网店决定借助智能客服工具，为智能客服配置欢迎语及常见问答，辅助客服人员完成客户接待工作，提高客户满意度（相关资料见Abook资源）。

任务要求：

1. 根据网店及商品信息，结合欢迎语配置内容和注意事项，完成欢迎语设置。

2. 根据网店及商品信息，结合常见问答场景，配置对应的客户问题及回复内容。

3. 根据常见问答场景训练，结合具体的客户问题，完成场景配置的应答测试和优化。

任务分析：

智能客服需要根据网店客户日常接待规范，结合客户高频问题进行配置，包括欢迎语配置、常见问答配置等。客服人员在配置过程中需要结合不同的客户接待场景，立足买卖双方两个角度拓展相关问题，并根据问题设置回复内容。配置完成后，客服人员可以通过应答测试检验配置内容的合理性和准确性，并根据应答测试的结果对智能客服的配置进行优化。

任务操作：

任务操作1：根据网店信息，利用智能客服配置工具，设置通用欢迎语和商品欢迎语，填写表1-3-2。

表1-3-2 欢迎语配置

通用欢迎语配置		
场景	文案结构	文案内容
售前		
售后		
无人接待时		
商品欢迎语配置		
场景	文案结构	文案内容
售前		
售后		

任务操作2：根据客户咨询的高频问题及常见问答配置内容，围绕聊天互动、商品问题、活动优惠、购买操作、物流问题、售后服务六个常见问题场景，从买家角度拓展相关问题，并根据问题进行回复内容编辑，完成场景训练，填写表1-3-3。

表1-3-3 客户高频问题场景配置

问题场景	场景描述	问题列表	回复内容
聊天互动			
商品问题			
活动优惠			
购买操作			
物流问题			
售后服务			

任务操作3：根据场景配置的内容完成应答测试，并根据应答测试结果进行场景配置优化，填写表1-3-4。

表1-3-4 配置效果测试与优化

客户问题	是否自动准确回复		优化措施
	□是	□否	
	□是	□否	
	□是	□否	
	□是	□否	

评价任务	评价标准	评价结果			
		优	良	中	差
智能接待配置	欢迎语配置的合理性				
	高频问题场景配置的准确性				
	应答自动回复的准确性和合理性				

爱依旗舰店开始运营后，卫衣、衬衣、牛仔裤等商品销量实现大幅提升，客户咨询数量也大大增加。由于客服人员有限，因不能及时回复客户提出的问题而导致部分客户流失。为了改善这种情况，客服人员归纳整理出客户高频问题及标准回复话语，借助智能客服工具，配置欢迎语和常见问答，辅助人工客服及时、准确地应答客户的各类问题，提高客户响应效率和客户满意度（详细资料见Abook资源）。

本同步测评内容涉及全国职业院校技能大赛中职组电子商务运营赛项直播销售及客户服务模块相关竞赛内容，如表1-4-1所示。

表1-4-1　全国职业院校技能大赛中职组电子商务运营赛项直播销售及客户服务模块相关竞赛内容

竞赛模块	竞赛任务	主要内容
直播销售及客户服务	智能客服问答处理	针对客户需求，进行客户问题分类、智能客服问答配置，匹配标准话语，完成常见的售前、售中及售后问题处理，以提高客户服务效率

一、

单项选择题

1. 以下属于商品基本属性的是（　　）。

   A. 商品安装流程　　　　　　　B. 商品使用注意事项

   C. 商品保养方法　　　　　　　D. 商品材质

2. 以下属于商品附加信息的是（　　）。

   A. 商品名称　　　　　　　　　B. 商品材质

   C. 客户评价　　　　　　　　　D. 商品规格

3. 客户的购买决策过程是（　　）。

   A. 信息搜索→需求识别→评估比较→购买行为

   B. 需求识别→信息搜索→评估比较→购买行为

   C. 需求识别→评估比较→信息搜索→购买行为

   D. 信息搜索→评估比较→需求识别→购买行为

4. 以下属于实用型客户在购买商品时主要考虑因素的是（　　）。

   A. 商品的外观　　　　　　　　B. 商品的质量

   C. 商品的品牌　　　　　　　　D. 商品的热度

5. 以下属于售前通用欢迎语的是（　　）。

   A. "谢谢您的支持，我们的商品都提供七天无理由退换货服务，收到商品后遇到什么问题，请您第一时间联系我们，我们会尽最大努力帮您解决问题！"

   B. "非常感谢您的支持，我们会在第一时间为您安排发货，请您耐心等待一下。订单出现任何问题，都可以随时与我们联系，祝您购物愉快。"

   C. "您好，欢迎光临×××旗舰店，请问您看中了哪些商品了？我可以帮您介绍一下。能下单的商品全部都有货。"

D. "您好，当前咨询人数较多，您有什么问题可以先留言，稍后客服人员会在第一时间为您服务。"

二、

多项选择题

1. 以下属于商品专业知识范畴的有（   ）。
   A. 商品基本属性   B. 商品安装及使用方法
   C. 商品保养与维护   D. 商品外观

2. 根据客户购买动机的不同，可以将客户划分为（   ）。
   A. 实用型客户   B. 冲动型客户
   C. 情感型客户   D. 个性化客户

3. 以下属于欢迎语配置注意事项的有（   ）。
   A. 欢迎语要简洁明了   B. 欢迎语要融入店铺特色
   C. 欢迎语要及时更新   D. 欢迎语要复杂多变

4. 以下属于活动优惠配置内容的有（   ）。
   A. "您好！很高兴为您提供服务，请问有什么可以帮助您的？"
   B. "目前我们有一个促销活动，您可以享受×折优惠，购买满××元还可以获得一张5元无门槛优惠券。"
   C. "这款商品是我们的热卖商品，价格实惠，品质可靠。您还有其他需要了解的方面吗？"
   D. "我们最新的优惠活动是××。您可以享受到折扣和其他特别优惠，请问您对此感兴趣吗？"

5. 围绕一款笔记本电脑退换货政策，客户可能咨询的问题有（   ）。
   A. "这款笔记本的内存有多大？"
   B. "收到货后，多少天内可以进行退换货？"
   C. "你们店铺承担退货的运费吗？"
   D. "这款笔记本目前有优惠活动吗？"

三、

判断题

1. 在构建商品知识库之前，需要先收集和整理客户问答数据。   （   ）
2. 客户的需求和动机是驱使他们购买商品的重要因素。   （   ）
3. 商品知识库一旦构建完成，就不需要再进行维护和更新。   （   ）
4. 商品知识库搭建的核心在于商品信息同步和共享。   （   ）
5. 在进行问题配置时，最好针对一个场景只配置一个问题。   （   ）

技能操作题

林安是一名服装服饰类店铺的智能客服训练师，主要负责女装品类的智能客服配置工作。"双11"活动来临之际，为了缓解人工客服的压力，林安准备对智能客服知识库的内容进行更新和优化，提高智能客服回复的准确率。

1. 在女装品类下选取五款商品，完成商品知识库的构建。
2. 基于五款商品，结合"双11"活动特点，完成聊天活动、商品问题、活动优惠、售后服务4个常见场景的问题及答案配置。

项目二

客户交易促成

学习目标

知识目标

- 熟悉客户需求分析方法
- 理解商品推荐场景
- 掌握商品推荐文案撰写方式
- 熟悉促销活动的形式
- 掌握活动推荐技巧
- 熟悉关联营销的方式
- 掌握关联营销设计方法
- 熟悉订单催付注意事项
- 掌握订单催付方法

技能目标

- 能够根据客户消费心理，结合客户消费行为，分析客户需求偏好，完成商品推荐
- 能够根据活动信息，结合客户购物行为，完成活动推荐
- 能够根据客户购物行为，结合商品相关性，完成关联营销
- 能够根据客户购物行为和订单商品信息，分析订单未支付原因，完成订单催付

素养目标

- 树立"客户至上"的服务理念，弘扬服务奉献及服务创新精神
- 树立"以人为本"的思想，秉承"匠心服务"的行动标准

学习导图

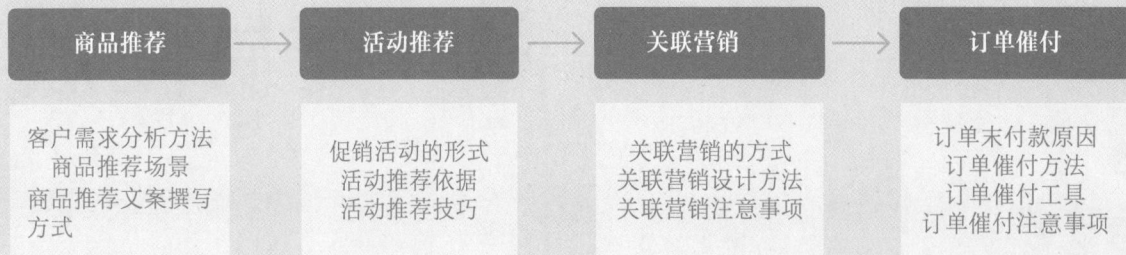

商品推荐	→	活动推荐	→	关联营销	→	订单催付
客户需求分析方法 商品推荐场景 商品推荐文案撰写方式		促销活动的形式 活动推荐依据 活动推荐技巧		关联营销的方式 关联营销设计方法 关联营销注意事项		订单末付款原因 订单催付方法 订单催付工具 订单催付注意事项

案例导入

了解客户购物需求，有效促成订单

在一家经营家用电器的旗舰店，客服人员收到了一条关于电视机型号和功能的客户咨询信息。通过询问客户的需求和使用场景，客服人员发现该客户是一位喜欢观看体育比赛和电影的家庭用户，对画质和音效有较高的要求，并且希望能够在家中享受沉浸式的观影体验。于是，客服人员主动给客户推荐了一款高分辨率、大屏幕、支持杜比音效的电视机，并且围绕客户对画质和音效的诉求，详细介绍了该款电视机的各项特点和功能，包括影院级的画质、出色的音效和智能化的操作系统等，成功地激起了客户的购买兴趣。

在接下来进一步的沟通中，客户开始从关注商品转移到关注性价比。客服人员洞察到客户诉求的变化之后，立刻向客户介绍了当前该款电视机参加优惠活动的信息，告知客户此时购买可以以较低的价格获得高品质的商品。同时，为了打消客户对售后服务的顾虑，客服人员提供了售后服务的保修政策和相关联系方式，以提升客户的信任感，使之可以安心购买商品。

通过洞察客户需求并推荐相关的商品和优惠方案，客服人员成功地促成了这笔交易，客户对客服人员提供的专业化、个性化服务表示赞赏。客服人员凭借自己的专业知识和优质的服务态度，将合适的商品推荐给了有需求的客户，实现了店铺与客户的共赢。

任务一　商品推荐

任务描述

　　客服人员每天除了回复客户的各类咨询，还承担着导购的职责。商品推荐是客服人员导购工作中高频的部分之一，需要根据客户需求，将店内在售的且与客户需求匹配的商品推荐给客户，这是客服岗位的主要工作，也是客服人员工作能力的具体表现。通过商品推荐可以优化客户体验，提高服务效率，促成交易。在商品推荐过程中，客服人员要有针对性地推荐客户有意向、有可能购买的商品，以此提高推荐的有效性和转化率。

　　本任务的主要工作内容：

　　1. 准确分析客户需求。

　　2. 选择推荐的商品。

　　3. 撰写商品推荐文案。

任务准备

一、客户需求分析方法

　　精准识别客户需求是促成交易的基础，可以通过对客户偏好的分析进行需求挖掘和预测。客户偏好包括但不限于以下几个方面：商品特性偏好、品牌偏好、设计和风格偏好、价格偏好、服务偏好等。在向客户推荐商品时，可以通过了解客户的偏好进行需求分析。常见的客户需求分析方法主要有提问法、聆听法、观察法和判断法四种。

　　（一）提问法

　　了解客户需求最直接、最简单的方式就是提问。通过提问，可以准确了解客户的真实需求，并挖掘客户的潜在需求。在与客户交谈的过程中，可以根据具体场景选择不同的提问方式，获得客户偏好的相关信息。

　　1. 开放式提问

　　开放式提问是围绕谈话的主题，与客户在轻松的状态下进行交流，让客户根据自己的喜好畅所欲言，以便获取更多、更有效的信息。例如：

　　客户：你们店里有什么款式的运动鞋？

　　客服：您好，我们店里有各种类型的运动鞋可供您选择。请问您对什么类型的运动鞋有兴趣？另外，**您有特定的款式偏好吗**？

客户：我想要买一双适合跑步的鞋子，款式没有什么具体要求。

在以上案例中，客服人员通过开放式提问，了解到了客户真实的需求偏好是买一双适合跑步的鞋子。接下来，客服人员就可以锁定推荐范围，围绕跑步鞋进一步与客户进行沟通，有针对性地推荐适合的跑步鞋给客户。

| 直通职场 | 换位思考客户需求 |

在向客户推荐商品时，不能只按照预设的商品卖点去介绍，一定要站在客户的角度思考，确认客户需求后再进行推荐。

一款商品从不同角度可以提炼不同的卖点，客服人员在向客户推荐商品时，可以通过与客户的沟通，分析客户对商品的主要诉求，然后结合商品特性进行商品卖点的介绍。例如，针对不同客户咨询同一款保温杯，客服人员推荐的不同卖点，如表2-1-1所示。

表2-1-1　同款商品基于客户诉求的不同卖点

客户	客户偏好	商品卖点
客户1	保温性能	7层保温锁冷，30小时高效保温
客户2	材质安全性	304食品级不锈钢材质，整体抗菌加工处理
客户3	便利性	仅170克，核心部件可拆卸清洗，双杯盖设计

2. 封闭式提问

封闭式提问是指在某个范围内提出问题，让客户按照指定的思路回答问题，使答案具有一定的局限性和唯一性。这种提问方式限制了客户回答的范围，可以迅速地获取客户偏好信息。例如：

客服：您好，请问您对于运动鞋有什么具体的需求吗？例如**跑步鞋、篮球鞋还是训练鞋**？

客户：我想要买一双适合打篮球的鞋子。

客服：我们店里有不少适合篮球运动的鞋供您选择。**请问您喜欢高筒款还是低筒款**？

客户：我更喜欢低筒款的篮球鞋。

在以上案例中，客服人员通过封闭式提问，快速了解到客户的准确需求是想要购买一双低筒款的篮球鞋。接下来，客服人员就可以围绕客户偏好，选择符合客户需求的鞋子进行推荐。

在实际工作过程中，通常采用封闭式提问和开放式提问相结合的方式了解客户的需求。通过开放式提问，快速锁定客户偏好。通过封闭式提问，洞察客户的细节需求偏好。

(二) 聆听法

与客户的沟通是一个双向的过程，客服人员需要通过陈述向客户传递信息，达到说服客户的目的，同时也需要通过聆听来识别客户的真实需要。因此，认真聆听客户的谈话，站在客户的角度理解和回应客户所说的内容，使客户产生被关注、被尊重的感觉，这样客户才会更加积极地投入到沟通中，提升沟通效率和有效性。

除此之外，能听懂客户的言外之意也非常重要。有些客户并不"直言不讳"，而是通过旁敲侧击的方式表达自己的需求；还有一些客户的偏好是隐性的，这时就需要客服人员认真聆听、深入挖掘，准确地理解客户的弦外之音，这样才能有效应对，促成交易。

行业洞察

通过聆听识别客户的隐性需求

某品牌汽车创始人有句名言："如果我当年去问顾客他们想要什么，他们肯定会告诉我想要一匹更快的马。"人们会主动满足已经能明显感知的显性需求，而忽略难以感知的隐性需求。但其实隐性需求往往才是真实需求，并且远远高于显性需求。下面通过一名客服人员推荐护肤品的案例，介绍如何通过聆听的方式洞察客户的隐性需求。

客服：您是自己用还是送朋友？是想买补水、美白，还是紧致功效的护肤品？

客户：我自己用，秋天比较干，想补补水。

客服：您现在在用什么品牌的商品护肤？

客户：是A品牌，比你们家的价格要便宜一些。

客服：您现在的护肤步骤有哪些？水、霜都在用吗？需要我帮您搭配一下吗？

客户：我没有用面霜类的商品，你给我推荐一款吧。

客服人员第一个问题问的是需求场景，通过客户回复可以初步明确显性需求。客服人员第二个问题问的是消费场景背后的隐藏问题，找到隐性需求。通过客户的回复，可以洞察到客户三个隐性需求：

（1）价格诉求。从侧面可了解到客户的大体预算价格范围。在推荐的时候，尽量找一些相同价位的商品推荐给客户。

（2）品牌诉求。客户之前用的是相对便宜的A品牌，现在希望更换中高端品牌。

（3）更换商品诉求。要更换品牌，说明之前的商品一定有令客户不满意的地方，客服人员可以通过继续分析聆听到的内容，不经意地询问竞品存在的问题，在进行商品选择和介绍时有针对性地避开容易导致客户不满意的雷区。

（三）观察法

客服人员通过观察客户的非语言行为，可以了解客户的需要、欲望、观点和想法。再从这些方向着手，主动询问、认真倾听、分析需求、推荐商品，更好地为客户服务。例如与客户沟通时，客服人员可以通过观察对话窗口和右侧的客户信息，了解客户的信用信息、评价信息、咨询或浏览记录等，据此对客户需求进行深入挖掘，如图2-1-1所示。

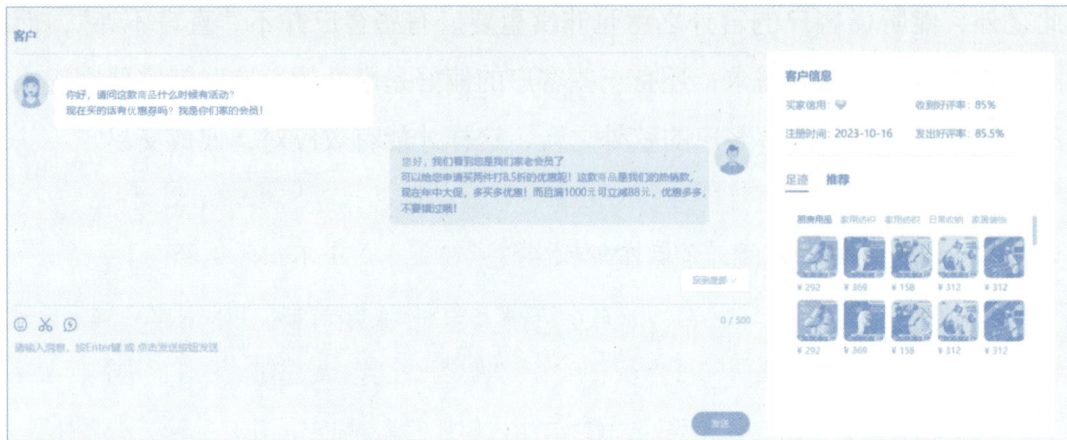

▲图2-1-1　客服人员与客户沟通窗口

（四）判断法

判断法是指客服人员通过客户的信用高低和注册时间长短等信息来判断客户的特征。一般来说，通过客户信用和注册时间，可以判断出四类客户的特征，如表2-1-2所示。

表2-1-2　四类客户特征

客户信用	注册时间	客户特征
低	短	一般是新客户，对平台操作还不熟悉，价格因素影响小
低	长	一般缺乏安全感，对价格比较敏感
高	短	一般是冲动型客户
高	长	一般是成熟客户，熟悉规则，会货比三家，相对理性

二、商品推荐场景

（一）咨询商品有货时主动推荐

在与客户的沟通过程中，基于对客户需求的准确分析，客服人员可以通过对商品卖点、优良品质、周全服务等优势信息的全面介绍，提升客户对商品的认可，促成交易。例如，在客户咨询上衣时，客服人员对材质、搭配场景等进行推荐介绍。

客户：你们店里这款卫衣现在拍下，什么时候能发货？

客服：您好，15:00之前拍下并付款的订单当天就可以发货。最近全国各地都在降温，这款卫衣这个季节穿刚刚好。我们店新上了一款羽绒服，和您看好的这款卫衣特别搭，您可以看下。现在购买这款羽绒服享8折优惠，非常划算，月底活动就要结束了，如果喜欢的话可以趁活动便宜入手一件。

（二）咨询商品缺货时主动推荐

当店铺中客户咨询的某款有意向购买的商品出现缺货时，客服人员可以向客户介绍具有替代属性的其他商品，不要仅解释本店暂时没有这款商品而让客户遗憾离开。例如，客户想要购买的一款香辣牛肉粒缺货时，客服人员可以这么回复：

客服：您是不是爱吃辣？小店还有其他很多不错的辣味牛肉脯，和牛肉粒的口味不相上下，您也可以选择牛肉脯。在这要非常抱歉地说一句，您咨询的商品小店暂时缺货。如果偏爱辣的话，带有四川辣味的牛肉脯也是个不错的选择。

FAB商品卖点
提炼法

三、商品推荐文案撰写方式

（一）认同感＋需求角度＋价格拆分＋附加价值塑造＋痛点描述＋引导购买

对于客户提出价格偏高的疑问，不要急于进行解释，首先表示对客户观点的认同，然后从客户需求的角度，对价格进行拆分，侧面回应价格偏高的问题。除此之外，再进一步阐述商品给客户带来的附加价值，让客户感到这款商品物超所值。此时，客户对商品的性价比可能产生了认同，但并不代表就会决定购买。客服人员需要换位思考，从客户痛点出发，分析低价格商品可能存在的问题，强化客户的购买欲望。当所有问题都阐述清楚之后，最后引导客户做出购买行动。

直通职场	婴儿保温碗推荐示例
	客户：这款保温碗，有点贵。
	客服：是的，一个婴儿保温碗108元，确实贵了点。（认同感）您是要给多大的孩子使用啊？主要看中什么功能呢？
	客户：8个月的宝宝，要求保温效果好。
	客服：宝宝8个月才开始添加辅食，这时孩子吃饭都要喂很久，饭凉了宝宝容易拉肚子，为了孩子考虑确实非常需要这种保温碗。（需求角度）
	这款保温碗设计上可以用到3岁，您想才花108元可以用2年多，平均到每天才

几分钱，相对来说不贵的。（价格拆分）

8个月的宝宝喜欢摔东西吧？我们的碗是××材质，有××特性，很耐摔，这点您可以看评价，反馈都很不错的。（附加价值塑造）

相比较其他价格便宜的保温碗，很多评价都说外壳很薄、很容易破。宝宝太小，如果大人不注意，破了对孩子比较危险，您说是吧？（痛点描述）

您看这款保温碗既能很好地保温还能更好地保护宝宝，喜欢的话现在就可以下单哦。（引导购买）

（二）专业角度+加强需求+商品介绍+评价+引导购买

在与客户沟通的过程中，如果洞察到客户更加关注商品本身的功能时，首先可以从专业角度进行切入，树立专业形象，获得客户的专业认同。然后立足专业性，强化客户的购买需求，通过详细的商品介绍和其他客户的评价案例，进一步增强客户的信赖感，最后促成购买行为。

儿童保温杯推荐示例

客户：我想买一款儿童用的保温杯。

客服：您有了解挑选保温杯需要考虑什么吗？材质安全，保温效果好，孩子使用方便，您说对吧？（专业角度）

客户：……

客服：相信您购买保温杯的时候会在意价格，但使用时会更在意保温杯的品质以及使用体验。（加强需求）

客户：……

客服：我们这款保温杯采用304食品级不锈钢材质，拥有真空保温层，可以高效保温36小时。配备可伸缩背带、防摔加固底座、直饮型和水杯型两种杯盖，所有核心部件都可拆卸清洗。（商品介绍）

客户：……

客服：作为家长对孩子用的商品都很上心。这款保温杯是店里的热销款商品，评价有3万多条，评分为4.9分，很多客户都反馈这款保温杯质量很好，物超所值。（评价）

直通职场

客户：……

客服：相信我们的价格和价值成正比。现在下单购买一定会让您满意的，为了感谢新客户的选择，新客户关注店铺下单还享受立减10元的优惠，非常划算。（引导购买）

任务实施

任务背景：

尚宜旗舰店客服主管通过分析各客服人员的交易数据，发现近期客服人员小琳负责的几款商品咨询转化率明显低于其他客服人员负责的商品。通过进一步查看小琳与客户的沟通记录，发现小琳在与客户沟通的过程中比较被动，没有主动洞察客户需求，给予及时的推荐，造成了部分客户的流失。了解了问题所在后，客服主管要求小琳认真学习家居日用类商品推荐的相关知识，深入了解商品推荐触发的场景，学会洞察和挖掘客户的需求偏好，积极做好商品推荐服务，提高订单转化率（相关资料见Abook资源）。

任务要求：

1. 根据客户咨询内容，结合客户信息和历史消费行为，分析客户消费偏好。

2. 根据客户消费偏好，结合网店在售商品信息，有针对性地进行商品推荐。

任务分析：

客服人员向客户进行商品推荐，其实就是一个将最合适的商品推荐给最适合的客户的过程，商品和客户的匹配度越高，相对来说推荐成功的概率越高。所以在对客户进行商品推荐的时候，首先要认真聆听客户的需求。当客户有明确需求的时候，客服人员只需要根据客户的描述，在网店中找到最吻合的商品推送给客户就可以了，不要硬性推荐其他不相关的商品，以免引发客户的反感，造成客户的流失。当客户的需求模糊不清时，客服人员可以尝试通过问题引导的方式，进一步了解客户的真实需求。如果引导无效，客服人员可以通过客户基础信息，结合以往的浏览或者购买记录，推测客户的需求偏好，然后进行有针对性的推荐。

任务操作：

任务操作1：根据客户咨询内容，结合客户基础信息及历史消费行为，综合分析客户偏好，填写表2-1-3。

表2-1-3　客户偏好分析

客户ID	客户咨询内容	客户基础信息	客户历史消费行为	客户偏好

任务操作2：根据客户偏好，结合网店在售商品特点，选择最适合推荐给客户的商品，填写表2-1-4。

表2-1-4　不同客户的推荐商品及推荐原因

客户ID	推荐商品	推荐原因

任务操作3：根据客户咨询内容，结合推荐商品的特点，撰写商品推荐文案并发送给指定客户，填写表2-1-5。

表2-1-5　不同客户的商品推荐文案

客户ID	商品推荐文案

任务评价

评价任务	评价标准	评价结果			
		优	良	中	差
商品推荐	客户需求偏好分析的全面性和准确性				
	推荐商品选择的精准性				
	商品推荐原因分析的合理性				
	商品推荐文案内容的全面性和合理性				

任务拓展

爱依旗舰店客服主管通过分析各客服人员的交易数据，发现近期客服人员小乔负责的几款商品咨询转化率明显低于其他客服人员负责的商品。通过进一步查看小乔与客户的沟通记录，发现小乔在与客户沟通的过程中商品推荐的吸引力不足且不够精准。了解了问题所在后，客服主管要求小乔认真学习服装服饰类商品推荐的相关知识，深入了解商品推荐触发的场景，学会洞察和挖掘客户的潜在需求，积极做好商品推荐服务，提高订单转化率（详细资料见Abook资源）。

任务二　活动推荐

任务描述

　　活动是网店提高营销转化效果的重要方式。商家会根据营销目标，不定期地策划和推出店铺促销活动和商品促销活动，以实现为店铺引流和为商品引流的目的。但是，只有当客户看到活动信息才有可能产生营销转化价值。在网店日常运营过程中，私域流量的免费推广主要是通过客服人员主动推荐给客户促销活动信息来实现的。客服人员通过推荐优惠活动给老客户或正在咨询的新客户，激起老客户的购买需求，促进新客户的交易行为。

　　本任务的主要工作内容：

　　1. 选择与活动匹配的推荐客户。

　　2. 选择与客户需求匹配的活动商品。

　　3. 撰写并发送活动推荐文案。

任务准备

一、促销活动的形式

　　促销活动的主要目的是激起客户的购买欲望。网店常见的促销活动主要有以下六种：

（一）买赠活动

买赠活动根据赠送条件可以分为两种类型，即无门槛买赠活动和有门槛买赠活动。

1. 无门槛买赠活动

无门槛买赠是指客户只要购买了参与买赠活动的商品就能获得相应的赠品。常见的无门槛买赠活动规则主要有：买A送A，如买一条短裤送一条一样的短裤；买A送B，如买手机送耳机、买化妆品礼盒送化妆品小样等。这种活动的优点是能够确保原商品的价格不变，通过赠品的方式来激发客户的购买欲望。

2. 有门槛买赠活动

有门槛买赠是指客户的消费须达到某个门槛条件才可以获得赠品。门槛条件可以是商品数量、订单数量，也可以是消费金额，或者数量和金额同时满足。运营人员需要综合衡量，哪个门槛条件能够在保证利润的同时对客户最有吸引力。

赠送新品的营销目的和使用场景

营销目的：一是带动销售，二是测试市场反馈。前者会捆绑大销量的商品推出，投入的成本比较大且不好监控效果数据。后者会定向小范围市场进行投放，将锁定的市场范围作为数据样本。

使用场景：商家上架的新品急需推广，让更多的客户了解该商品。例如，某化妆品网店推出一款新品防晒喷雾，就可以和店里单价较高的防晒霜一起做买赠活动，买防晒霜赠防晒喷雾，实现通过防晒霜带动防晒喷雾的推广。

（二）折扣活动

折扣活动是最常见的一种促销方式。不管是线下卖场还是线上促销，都会看到一件9折、两件85折、买的越多折扣越大等各类折扣活动。折扣活动信息一般包括：活动名称、活动开始和结束时间、商品范围、折扣比例、限购条件等内容。

（三）红包、优惠券活动

优惠券是商家发送给客户的虚拟电子现金券，客户可以在消费时抵扣现金。红包的作用同优惠券类似，都是由商家赠送用以抵扣现金的。优惠券主要分为店铺通用优惠券和商品优惠券。优惠券活动信息一般包括：优惠券名称、优惠券有效期、适用范围、面额和门槛、发放数量、每人限领数量等。

（四）组合促销活动

组合促销是指将两个或多个相关的商品或服务进行组合销售，以达到提升销售额和客户满意度的目的。通过组合促销活动，客户可以获取更多的价值和选择，商家也能够促进销售，提升客单价。组合促销活动信息一般包括：组合商品名称、单个商品价格、组合后的总价等。

（五）满减活动

满减活动是指客户在达到一定的消费金额后，可以享受相应减免优惠的活动。这种活动的目的是鼓励客户增加购买数量或金额，提高客单价。满减活动信息一般包括：活动名称、活动开始与结束时间、优惠条件（如件数、金额等）、优惠门槛、优惠内容、商品范围等。该活动的难点在于如何在满减活动中保持盈利，因此在活动策划时需要进行严谨的成本核算。

常见的满减活动形式

1. 普通满减

（1）金额减免。"满减×元"是在消费达到规定金额后，可以在总价基础上减免固定金额，如满100元减30元。这种方式一般是使参加了满减活动的商品单价降低。

（2）折扣减免。"满减折"是在消费达到规定金额后，可以享受总价折扣。例如，满199元打9折。"满减折"多适用于大批量购买商品的零售商，因为零售商会衡量各种商品的毛利多少。

2. 每满减

每满减是指单次消费每满规定金额后，就可以在总价基础上减少固定金额。例如，当客单价集中在50元和80元两个价位时，商家可以设置每满100元减30元的优惠活动，可以对两个价位同时起到激励购买的作用。

3. 阶梯满减

阶梯满减是指每满不同的金额可减免对应不同的金额或折扣。例如，按消费的阶梯额度设置相应的满减值，消费额度越高满减力度越大，以此来激励客户提高单次购买金额。例如，满99元减30元，满199元减60元，满299元减100元。

（六）会员专享价活动

为了活跃和留存老客户，很多网店会采用会员等级机制。例如，消费满199元为初级会员，全场商品打95折；满299元为高级会员，全场商品打9折；满599元为贵宾会员，全场商品打85折。

二、活动推荐依据

（一）客户购买历史

可以通过查看客户的购买记录，了解客户感兴趣的商品类型或品牌。基于这些信息，向客户提供相关的促销活动建议。例如，针对客户购买历史中复购率较高的商品进行优惠活动推荐。

（二）客户需求和目的

可以通过与客户的沟通，对其购买意图和目的进行了解，这样就能更好地推荐适合客户的活动。例如，给新客户推荐注册优惠券活动，给忠实客户推荐会员专属优惠活动等。

（三）网店经营现状

可以通过对网店商品销售数据、营销活动数据、库存数据的分析，了解网店的经营现状。基于对这些数据的分析，可以选择合适的活动商品推荐给客户。例如，基于对活动流量来源的数据分析，可以结合不同流量渠道客户偏好推荐不同的活动商品。

三、活动推荐技巧

促销活动
三要素

（一）强调促销力度

1. 突出折扣

折扣会刺激客户的购买欲望，如果折扣力度足够大，部分客户甚至可以接受商品有轻微缺陷。因此在与客户沟通的过程中，客服人员要适时地突出商品的折扣，营造物超所值、机会难得的活动氛围。

2. 强调差价

价格数字，尤其是变化的数字往往会比文字更具说服力。受供求关系等因素的影响，商品各阶段的价格可能会有所差异。在推荐时，如果强调相对较高的历史价格与促销价格之间的差异，在客户看来是商家促销力度的重要体现。

（二）制造活动紧迫感

1. 限定活动时间

限定活动时间是制造短期优惠引流的常见方式之一，它的特点是只有在某一时间段内购物才可以享受优惠。对此，可以通过提醒客户活动剩余时间的方式制造紧迫感，引导客户快速下单。例如，当某活动只持续3天，客户在第3天向客服人员询问有关商品问题时，客服人员可以告知客户"还有×小时，本活动将会结束……"，以引导客户快速下单。

2. 限定商品数量

通过限定商品数量的方式制造活动的紧迫感。也就是说，客户只有在限定数量达到之前下单，才可以享受优惠。针对这一情况，可以通过告知剩余数量的方式，让客户有紧迫感。例如，当限定数量为1 000件时，提醒客户"该商品只有前1 000件的购买者才可以享受优惠，到现在为止只剩下××件了……"。通过强调商品数量的稀缺性，引导客户下单购买商品。

任务背景：

尚宜旗舰店在"618"年中庆之际，为了给店铺和商品引流，提高店铺的销售额，运营部根据以往的店铺和商品活动效果数据，针对店里的多款日用家居商品策划了多种类型的促销活动，并将相关的活动方案告知了客服人员小琳，希望在活动期间，小琳能积极地为客户推荐相关活动，实现活动的营销目标。小琳收到活动方案后，仔细阅读了活动规则，了解参与活动的日用家居商品的特点，有针对性地为客户进行活动推荐（相关资料见Abook资源）。

任务要求：

1. 根据活动信息，结合客户历史购买行为，选择适合客户的活动。

2. 根据促销活动规则，选择活动商品，编辑活动推荐文案内容，完成活动推荐。

任务分析：

活动推荐主要是面向老客户或有相关需求的客户。为了提高活动推荐转化率，需要分析活动商品与客户需求的匹配度，不要盲目地向无需求的客户进行推荐，以防打扰客户，给客户带来不良体验。确定了活动推荐的客户后，接下来就是进行活动推荐话语的设计，通常从活动介绍、客户利益、制造紧迫感等几个方面进行内容的编辑，另外添加上活动商品链接，以方便客户进行查看、购买商品，提高活动推荐转化率。

任务操作：

任务操作1：根据客户历史购买行为，结合活动信息，选择需要进行活动推荐的客户，填写表2-2-1。

表2-2-1 活动推荐客户

客户ID	客户历史购买行为	是否需要推荐活动

任务操作2：根据促销活动规则，选择活动商品，撰写活动推荐文案，发送给指定客户，填写表2-2-2。

表2-2-2 活动商品及对应的活动推荐文案

客户ID	活动商品	活动推荐文案

评价任务	评价标准	评价结果			
		优	良	中	差
活动推荐	活动推荐客户选择的精准性和全面性				
	活动商品选择的准确性				
	活动推荐文案内容的合理性和准确性				

爱依旗舰店在"双11"购物节之际，为了给店铺和商品引流，提高店铺的销售额，运营部根据以往的店铺和商品活动效果数据，针对店里的多款服装服饰商品策划了多种类型的促销活动，并将相关的活动方案告知了客服人员小乔，希望在活动期间，小乔能积极地为客户推荐相关活动，实现活动的营销目标。小乔收到活动方案后，仔细阅读了活动规则，了解参与活动的服装服饰商品的特点，有针对性地为客户进行活动推荐（详细资料见Abook资源）。

任务三 关联营销

任务描述

关联营销主要是指在客服人员日常的导购工作中，除了要根据客户的咨询提供其当下需要的商品，还要适宜地将店中与客户所购买商品具有相关性的商品推荐给客户，从而提高客单价，降低推广成本。

本任务的主要工作内容：

1. 选择恰当的关联商品。
2. 撰写关联营销推荐文案。
3. 完成不同客户的关联营销。

任务准备

一、关联营销的方式

关联营销的
核心理论

（一）热销关联

在实施关联营销时，客服人员应该首选热销关联。因为热销款商品的好评数多、曝光机会多、客户接受度较高，所以推荐成功的概率会比较大。例如，坚果店铺的碧根果、女装店铺的基础打底衫等热销商品基本上都是客服人员会主动进行关联销售的商品。

（二）替代关联

替代关联是指推荐与客户所购商品功能属性相近的商品，客户所购商品和关联商品可以完全或部分替代。例如，在母婴商品类目里，客户很少会只选择购买单件商品，通常客户对于宝宝奶瓶、宝宝吸汗巾的需求是同款多件，客服人员可以根据宝宝的性别推荐不同颜色或图案的同款商品，进行关联销售。

（三）互补关联

互补关联强调搭配的商品和客户所购商品有直接的相关性。互补关联的应用非常广泛。例如服装商品类目中，T恤可以搭配裤子、裙子等商品；护肤品类目中的爽肤水可以搭配精华液、乳液等商品。

（四）潜在关联

潜在关联强调潜在互补关系，适用于多类目店铺。例如，客户想做一本手账，在购买手账本的同时，可能会需要制作手账的胶带、贴画、印章等一系列相关商品。但客户不一定清楚具体需要什么商品，这时就可以做充分的潜在关联推荐。整个推荐过程中不仅要考虑商品之间的共性，还要站在客户的角度考虑是否实用，合理妥善地提供符合每一位客户个性化需要的关联营销方案。

二、关联营销设计方法

关联营销是指根据客户的购买记录、浏览习惯等信息，推测商品搭配的可能性，站在客户需求的角度对商品进行关联销售。一般来说，可以采用以下两种关联方法：

（一）根据购买记录进行关联

利用店铺后台管理系统导出销售记录（即客户的购买记录），分析购买A商品的人同时购买了哪些商品。如果发现购买了A商品的人同时购买B商品、C商品、D商品、E商品的概率较高，就可以把A商品关联上B商品、C商品、D商品、E商品。客服人员在推荐商品时要以商品搭配销售的数量和客户的喜爱程度为依据向客户进行推荐。

（二）根据浏览习惯进行关联

客服人员要关注"正在浏览A商品的人通常还会浏览哪些商品"的数据统计。例如，发现浏览A商品的人通常还会浏览B商品、C商品、D商品，那么这些浏览习惯也可成为商品关联的依据。

行业洞察

人工智能营销

人工智能营销是指利用人工智能技术进行市场分析、目标客户识别、个性化推荐、智能广告投放等营销活动的过程。与传统营销相比，人工智能营销具有以下特点：

（1）数据驱动：通过收集和分析大量的客户数据，为企业提供精准的营销策略。

（2）自动化决策：利用机器学习算法自动优化营销策略，提高投放效果。

（3）个性化体验：根据客户的兴趣和行为特征，为客户提供个性化的商品和服务。

（4）实时互动：通过与客户的实时互动，实现精准营销和高效转化。

未来，人工智能营销在客服领域的应用场景主要有目标客户识别和个性化推荐。运用人工智能技术对潜在客户进行画像，实现精准定位，提高营销投入的回报率。基于客户的兴趣和行为特征，为客户推荐最合适的商品和服务，提升客户体验和购买意愿。

三、关联营销注意事项

（一）挖掘客户兴趣

如果能够准确找到客户的兴趣点，就容易引导客户实现购买。当客服人员未完全了解客户兴趣点时，可以从优惠条件、价格刺激、情感共鸣等角度实施关联营销。

（二）选择合适的时间

随着线上购物习惯的养成，越来越多的客户会选择静默下单。对于静默下单的客户，客服人员要想成功地进行关联营销，时间的选择非常重要。越快联系客户，成功率越高。当客户已经有明确购买意向时，正式下单之前是比较适合进行关联营销的时机。

（三）推荐关联性强的商品

在推荐关联商品时，首要关注商品关联的合理性。可以基于客户的从众消费心理，选择热销商品、高咨询量商品、高关注商品等进行关联推荐。也可以选择客户咨询商品的同类商品、功能延展商品、搭配互补类商品进行关联推荐。

直通职场

化妆品关联营销

客户想买一款针对过敏肤质的面膜，经过客服人员专业的介绍之后，决定购买其推荐的面膜试试。接下来，基于充分沟通对客户的深入了解，又成功关联推荐了精华液。其关联营销过程如下：

客服：请问您平时有护肤的习惯吗?

客户：有的。

客服：看得出来，您很关注面部护理。护肤对于人的皮肤有着重要的意义。人们所在的环境中都有灰尘的存在，每天护肤就像给自己换上一件新衣裳，非常清新、健康，建议您使用一套完整的护肤流程。

客户：好的，你有什么推荐?

客服：您先看看这款精华液（商品链接），在贴面膜之前使用，可以强化面膜的效果。

客户：好的，我看看。

客户打开了商品链接，客服人员进一步详细介绍了精华液的卖点。最后，客户同时购买了面膜和精华液。

任务背景：

尚宜旗舰店运营人员通过平台数据分析工具对网店的运营数据进行分析，发现近一个月的人均成交件数为1.1~1.3件，客单价为30~50元，相较于同级别、同类目的其他网店客单价略低，关联营销做得不好。通过与同行业网店的比较，发现尚宜旗舰店页面的关联营销设置没有任何问题，但客服人员缺乏关联营销意识，沟通过程中不能激发客户的进一步需求。基于以上问题，客服部对客服人员进行了统一的关联营销培训。客服人员小琳对关联营销有了进一步的认识，在接下来的客户咨询沟通中，开始有意识地进行关联营销推荐（相关资料见Abook资源）。

任务要求：

1. 根据客户咨询内容，结合客户购买行为分析客户需求，查询可以进行关联营销的商品。

2. 根据关联商品特点，结合客户消费需求，撰写并发送关联营销商品和推荐内容。

任务分析：

随着购物渠道越来越多，网店流量变得越来越稀缺，线上获客成本随之越来越高，让有限的流量贡献更大的价值成为每个网店追求的目标。而提高客单价最直接、最有效的方法就是关联营销。替代关联主要面向的是犹豫不决的感性客户，通过激励使客户一次购买多件商品。互补关联强调搭配的商品和客户所购商品有直接的相关性，以唤起客户不同场景的商品需要。例如，客户所购商品是牙刷置物架，那么可以搭配牙刷杯等同场景商品。潜在关联强调潜在互补关系，在推荐过程中不仅要考虑商品之间的共性，还要站在客户的角度考虑是否实用。

任务操作：

任务操作1：根据客户咨询内容，结合客户购买行为，查询商品特点和适用场景，确定可以进行关联推荐的商品，填写表2-3-1。

表2-3-1 客户关联商品选择

客户ID	客户购买行为	关联商品	选择原因

任务操作2：根据推荐关联商品的特点，结合客户需求，发送关联商品信息，撰写并发送关联营销推荐文案，促成客户下单，填写表2-3-2。

表2-3-2　关联商品和关联营销推荐文案

客户ID	关联商品	关联营销推荐文案

评价任务	评价标准	评价结果			
		优	良	中	差
关联营销	客户行为分析和关联商品选择的准确性				
	关联商品发送的精准性				
	关联营销推荐文案内容的合理性和准确性				

任务
拓展

　　爱依旗舰店运营人员通过平台数据分析工具对网店的运营数据进行分析，发现近一个月的人均成交件数为1.1~1.2件，客单价为159~299元，相较于同级别、同类目的其他网店客单价略低，关联营销做得不好。通过与服装服饰类同行业网店的比较，发现爱依旗舰店页面的关联营销设置没有任何问题，但客服人员缺乏关联营销意识，沟通过程中不能激发客户的进一步需求。基于以上问题，客服部对客服人员进行了统一的关联营销培训。客服人员小乔对关联营销有了进一步的认识，在接下来的客户咨询沟通中，开始有意识地进行关联营销推荐（详细资料见Abook资源）。

任务四 订单催付

任务描述

订单催付的触发场景：客户拍下商品后一直未完成付款操作。对于未付款的订单，电商平台通常会保留24小时的付款时间，一旦超过这个时间，订单会被自动取消。因此，客服人员要时刻关注订单状态，及时发现未付款订单，并在有效时间内提醒客户及时完成支付，避免客户的流失。

本任务的主要工作内容：

1. 分析客户未付款原因。

2. 编辑并发送催付信息。

任务准备

一、订单未付款原因

（一）主观原因

1. 客户议价不成功

客户进行议价一般是由于商品价格不符合心理价位，此时客服人员可以采取赠送小礼品等方式来满足客户的求廉心理，也可以试探客户的心理价位，以便提高催付成功率。

2. 客户对商品有疑虑

如果客户未付款的原因是对商品有疑虑，客服人员需要努力为客户排除疑虑。例如，客户有商品质量方面的疑虑，在交流时要侧重准确地描述商品的工艺、材质、使用技术等，甚至可以为客户提供相关的质检报告和其他客户的评价。如果是支持运费险等服务的网店，客服人员还可以向客户说明这一保障，消除其疑虑。

3. 客户另寻其他商家

如果是货比三家的客户，客服人员可以从商品本身及服务去寻找差异，将卖点及差异展现给客户，为网店商品加分，以吸引客户付款，促进成交。

（二）客观原因

除了主观原因外，客户迟迟未付款也可能是由客观原因造成的，如新手客户对购物流程不熟悉、忘记支付密码、账户余额不足等。

1. 购物流程不熟悉

在经营过程中，难免会遇到新手客户。这类客户对购物流程不熟悉，在第一次支付时可能会遇到插件下载、密码混淆等问题，从而导致订单支付失败。此时，客服人员需要积极、主动地询问原因，逐步引导客户一步一步地完成支付操作。

2. 忘记支付密码

有些客户可能会忘记支付密码，并且不熟悉找回密码的具体操作。此时，客服人员可以根据重置密码的方法，协助并引导客户找回支付密码，完成付款操作。

3. 账户余额不足

当客户账户余额不足不能完成付款时，可以建议客户使用其他支付方式进行付款。

除了上述原因外，客户拍下商品后忘记付款也是造成订单未成交的原因之一。针对这类客户，客服人员只需提醒就可以促成订单的支付。

二、订单催付方法

（一）催付时间的选择

催付虽然很重要，但是在催付时间的选择上一定要慎重。客服人员要根据客户的购物习惯、订单时间，合理安排催付的时间。例如，对于凌晨下单的客户，如果早晨催付，可能会适得其反。如果客户是上班族，早上9点左右应该是其最忙的时候，此时打电话催付极有可能会被直接拒绝，而午饭前后是比较悠闲的时刻，比较适合催付。

每次催付消息发送后要做好标记，避免重复催付；已经付款的客户也要做好标记，并备注"已付款"。催付过的订单一般不重发催付消息，最佳催付时间可参照表2-4-1。

表2-4-1　下单时间和催付时间一览表

下单时间	催付时间
上午单	当日12点左右
下午单	当日17点左右
傍晚单	当日22点前
半夜单	次日10点后

（二）催付频率的控制

对于未付款的订单，越快催付越好，因为客户还沉浸在购物的场景中。恰当的催付，客户会觉得客服人员态度积极、服务热情。如果频繁使用同样的内容反复催付，会适得其反，让客户产生抵触情绪。

通常，第一次催付一般在下单后5分钟内，此时成功的概率是最大的。第二次催付为下单后30分钟内。客服人员通常还需要在交接班的时间再次催付，将没有完成的交易移交给同事继续服务。而最后一次催付可以选择在订单即将被系统关闭的时候，做友情提示式的催付。

（三）催付心理的把控

在进行订单催付时，客服人员要仔细揣摩客户的心理，针对不同客户制定不同的催付策略。

1．附加优惠条件

当客户下单意愿比较强烈时，一个小的折扣就会促使其支付。例如，可以这样引导："每位客服人员一天有10个优惠名额，我看您确实很喜欢我们店铺的商品，额外赠送给您一张商品优惠券，您现在付款就可以使用。"

2．制造时间紧迫感

通常，活动期间成交比平时更容易，除了活动价格以外，最关键的是限时的紧迫感。客户如果错过了下单的最佳时机，需要花更多的钱才能购买到商品。网店的促销活动是不断变化的，每个活动都有一定的期限，可以利用活动的时效性进行催付。例如，新品上架后在72小时内打8折，这类限时活动有助于提高催付的成功率。

直通职场	**犹豫不决客户订单催付案例**

客服：您好，这边看到您有一个订单还没有付款，是遇到什么问题了吗？

客户：没有，只是还在考虑而已。

客服：您喜欢的话建议抓紧付款，如果您关注过我们的商品，应该知道这个价格比平时低了很多。

客户：相对来说是比之前便宜了，但过段时间还会有促销活动吧？

客服：活动持续到明天中午12点，还剩不到24小时。活动结束就会恢复原价，到时候就不划算了。而且这批次的商品是定制款，是专门为这次活动设计的，总量1 000件。现在数量已经不多了，真心建议您赶快付款。

客户：那我现在买了吧。

本案例中，客服人员从三个方面对犹豫不决的客户进行了催付：一是活动价格十分优惠，现在买最划算；二是活动时间紧迫，已不到24小时活动就结束了；三是定制款商品，数量已不多。单个因素可能不能让客户下决心购买，但三个因素加在一起形成的紧迫感就可能促成客户立刻购买商品。

三、订单催付工具

（一）沟通工具催付

与客户一对一的催付是最有效的方式，通过网店的沟通工具，了解客户未付款的原因，提供解决方案并引导客户完成支付，这种催付方式成功率最高。但这种方式的缺点是如果网店的订单量比较大，会增加客服人员的工作量。如果客户不在线，则无法及时收到消息。

（二）自动催付

随着人工智能技术的发展，自动催付成为电商平台客户沟通软件中常见的功能。开启自动催付功能后，系统会自动对未付款的订单发起催付，可以大大减少客服人员的工作量。但是，目前的自动催付功能还无法提供个性化的服务，只能设置网店统一的消息内容进行提示。

（三）短信催付

短信催付一般只针对活动期间大批量未付款的订单。人们日常随身携带手机，短信的送达率比较高。在发送短信时需要注意两个细节：一是内容简略，在一条短信字数限制范围内编辑完文本内容；二是短信内容要以客户姓名开头，关于自己的消息会更容易引起客户的关注。目前由于大多数催付短信会被手机管理软件拦截，因此使用短信催付虽然可以保持较高的送达率，但被打开的触达率并不高。

四、订单催付注意事项

（一）区分新老客户

由于新客户不熟悉品牌理念、退换货条件等，在催付信息中加入此类内容，可以增强新客户的品牌认同感，消除客户对售后服务的疑虑。对老客户，则建议使用网店客户的专属称呼，并加入付款链接，直接提醒付款。

（二）区分商品

对于购买主推商品、热销商品的客户，在催付内容中直接注明商品，着重介绍商品热销情况或者功能功效，然后直接引导客户进行付款。

（三）区分订单金额

对于订单金额高的客户，在催付内容中可适当增加利益激励，付款后赠送礼品或优惠券等，以此引导客户付款。

任务背景：

尚宜旗舰店客服人员小琳在平台卖家中心的订单管理模块，通过订单状态查询，搜索到几笔"等待买家付款"的订单。这些订单有的是客户静默下单，有的是咨询沟通过才下单的。为了能提高订单催付的成功率，小琳了解客户和订单基本情况后立刻联系客户，提醒客户付款（相关资料见Abook资源）。

任务要求：

1. 根据客户购买行为，分析客户未付款原因。

2. 根据客户未付款原因，结合订单商品信息，完成订单催付。

任务分析：

订单催付需要注意两个重要问题：催付时间和催付话语。客服人员在进行催付时，需要告知客户催付原因、催付的商品，以唤起客户的记忆；然后通过阐述利益点，刺激客户的购买欲望；最后通过商品紧缺、活动期限即将结束等内容，给客户制造紧迫感，督促其抓紧时间付款，以达到提高已拍订单付款率的目的。

任务操作：

任务操作1：根据与未付款客户沟通的过程，结合客户问题，分析客户消费心理，明确客户未付款原因，填写表2-4-2。

表2-4-2　客户未付款原因分析

客户ID	客户问题	客户消费心理	未付款原因

任务操作2：根据客户未付款原因，结合订单信息，编辑订单催付信息，发送给指定客户进行订单催付，填写表2-4-3。

表2-4-3　编辑并发送客户订单催付信息

客户ID	订单催付信息

评价任务	评价标准	评价结果			
		优	良	中	差
订单催付	客户消费心理分析的准确性和全面性				
	未付款原因分析的准确性				
	订单催付信息内容的合理性和有效性				

任务
拓展

爱依旗舰店客服人员小乔在平台卖家中心的订单管理模块，通过订单状态查询，搜索到几笔"等待买家付款"的订单。这些订单有的是客户静默下单，有的是咨询沟通过才下单的。为了能提高订单催付的成功率，小乔了解了订单和客户的基本情况后立刻联系客户，提醒客户付款（详细资料见Abook资源）。

同步测评

本同步测评内容涉及1+X网店运营推广职业技能等级证书（初级）中网店客户服务工作领域的客户交易促成工作任务相关内容，如表2-5-1所示。

表2-5-1　客户交易促成工作任务对应的职业技能要求

工作领域	工作任务	职业技能要求
网店客户服务	客户交易促成	1. 能根据智能客服配置规则，结合业务发展需求，对商品推荐、订单催付、关联营销等客户交易促成常见问题进行汇总、分类、整理，配置智能客服问答话语库，提高订单成交率 2. 能根据智能客服配置规则，结合不同的客户交易促成场景，对智能客服问答知识库进行应答测试，完善客户交易促成话语库，加强智能客服规范性 3. 能根据与客户的交谈情况，结合客户特征判断客户需求，有针对性地推荐合适的商品，引导客户下单，提升客单价 4. 能根据网店订单情况，结合客户需求，适时对未支付订单进行合理催付，提高订单付款率，提升客户体验

一、单项选择题

1. 了解客户需求最直接、最简单的方式是（　　　）。

   A. 倾听
   B. 观察

   C. 提问
   D. 判断

2. 以下关于信用低、注册时间短的客户特征，描述正确的是（　　　）。

   A. 一般缺乏安全感，对价格比较敏感

   B. 一般是新客户，对平台操作还不熟悉

   C. 一般是冲动型客户

   D. 一般是成熟客户，熟悉规则，相对理性

3. 客户只要购买了参与买赠活动的商品就能获得相应的赠品，这种活动是（　　　）。

   A. 无门槛买赠活动
   B. 无门槛满减活动

   C. 有门槛买赠活动
   D. 有门槛满减活动

4. 某店铺正在进行"每500元减50元"的活动，如果客户购买商品金额是1 250元，实际支付金额是（　　　）元。

   A. 1 250
   B. 1 200

   C. 1 150
   D. 750

5. 以下商品组合属于互补关联的是（　　　　）。

A. 跑鞋与休闲鞋　　　　　　　B. 裤子与裙子

C. 碧根果与巴旦木　　　　　　D. 画板与画笔

二、

多项选择题

1. 以下属于常见的满减活动形式的有（　　　　　）。

A. 普通满减　　　　　　　　　B. 每满减

C. 满即赠　　　　　　　　　　D. 阶梯满减

2. 以下属于替代关联商品组合的有（　　　　　）。

A. 爽肤水和乳液　　　　　　　B. 白色和黑色短袖

C. 衣服和鞋子　　　　　　　　D. 条纹领带和纯色领带

3. 以下关于关联营销注意事项，描述正确的有（　　　　　）。

A. 如果能够准确找到客户的兴趣点，就容易引导客户购买商品

B. 关联营销的效果不受时间的影响，只与商品相关

C. 为了提高关联营销的成功率，可以选择店里有代表性的商品

D. 通常情况下，推荐关联性强的商品比较容易形成转化

4. 以下属于订单未付款主观原因的有（　　　　　）。

A. 购物流程不熟悉　　　　　　B. 客户对商品有疑虑

C. 客户议价不成功　　　　　　D. 客户忘记支付密码

5. 以下关于促销活动的描述，能制造活动紧迫感的有（　　　　　）。

A. 满300元减50元　　　　　　B. 数量有限，欲购从速

C. 三件折上折，多选更优惠　　D. 最后特价，抢先试用

三、

判断题

1. 精准识别客户需求是促成交易的基础。　　　　　　　　　　（　　　）

2. 客服人员通过开放式提问，能快速了解到客户的准确需求。　（　　　）

3. 静默下单后越快联系客户，推荐的成功率越高。　　　　　　（　　　）

4. 在进行活动推荐时，要重点突出折扣、差价以及活动的紧迫感。（　　　）

5. 潜在关联强调搭配的商品与客户所购商品有直接的相关性。　（　　　）

四、

技能操作题

　　小瑞是某主流电商平台经营3C数码配件品牌旗舰店的一名新入职的客服人员，主要负责蓝牙耳机、手机支架、移动电源、手机壳四个品类的商品。经过前期的不断努力，终于通过了三个月的实习考验，成为一名正式的客服人

员。转正之后的小瑞，结合三个月实习的业绩，发现自己与店里其他同事相差甚远。首先，他负责的商品咨询量还可以，但是转化率偏低，主要问题是在交易促成环节不能通过商品推荐、活动推荐等方式促成交易。其次，由于缺乏关联营销经验，客单价偏低。最后，由于小瑞没有订单催付的意识，导致不少未付款订单客户流失了。

　　请以客服人员小瑞的身份，通过竞店商品咨询归纳整理交易促成方法，完成交易促成优化方案的制定。

1. 选取三个以上电商平台的同类店铺，收集他们商品推荐、活动推荐、关联营销和订单催付相关的方法。
2. 根据收集到的交易促成方法，结合负责商品的特点和定位，制定自己的交易促成优化方案。

3

项目三

客户问题处理

学习目标

知识目标

- 熟悉异常订单的常见类型
- 掌握异常订单的处理方法
- 理解常见的退换货原因
- 掌握退换货的处理方法
- 熟悉售后纠纷的类型
- 理解售后纠纷处理规则
- 掌握售后纠纷处理方法
- 掌握客户评价处理方法

技能目标

- 能够根据客户异常订单类型，分析异常订单产生的原因，完成异常订单处理
- 能够根据客户申请退换货的原因，结合平台和网店退换货政策，进行退换货处理
- 能够根据售后纠纷类型，分析纠纷产生的原因，完成网店售后纠纷处理
- 能够根据订单评价状态和评价内容，结合客户消费行为，完成客户评价处理

素养目标

- 增强忧患意识与危机意识，培养直面问题、迎难而上的职业勇气
- 树立不卑不亢、保持职业底线的服务意识和遵纪守法的法律意识

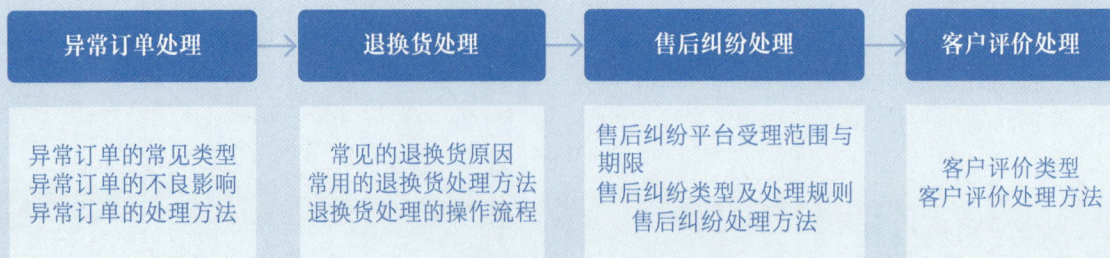

创新服务模式，全面赋能高品质客户体验

在新消费时代，客户的决策日趋理性，除了追求高品质商品，品牌服务和权益保障也成为客户关注的焦点。某专门从事家电商品生产和研发的公司始终以客户为先，不仅在商品科技方面不断突破，在品牌服务方面也展现出创新姿态，全方位优化客户的科技体验。

1. 数字化创新，增强售后体验

公司通过数据分析发现，部分投诉是由于客户不了解家电性能或使用不当导致的。维修售后团队处理这些问题时，主要通过传统的退货退仓模式来解决，不仅耗时耗力，客户满意度也难以保证。为了帮助客户高效便捷地解决问题，该公司上线了"数字化客服"。客户可以随时随地通过与维修工程师一对一视频的方式，获取商品维修教学，足不出户就能自主解决所面临的商品问题，查看维修结果，并获得实用的商品使用技巧。自上线以来，"数字化客服"已妥善解决众多售后问题，广受各类客户的好评。

2. 全面服务，保障安心消费

公司在深化已有服务品质的基础上，不断拓展新的服务覆盖面。考虑客户送修时间过长，可能会出现无机可用的情况，该公司为客户提供备用机，让客户在等待时也能"无缝衔接"，保障生活节奏不受影响。另外，该公司还提供至多5年的超长整机保修服务、售后90天质保服务等多项贴心服务，更好地保障客户的良好体验。

通过"数字化客服"服务过程，该公司能够精准洞察、挖掘客户的真实需求，加速服务体系优化。通过创新服务形式和强有力的售后保障服务，该公司满足了客户日益升级的消费需求，共同守护客户权益，为客户营造了安心舒适的消费体验。

任务一 异常订单处理

任务描述

在经营过程中由于各种主观因素或客观因素，有时会导致订单出现异常。在这一过程中，如果客服人员不能及时发现异常订单并进行有效的处理，一方面会影响网店的数据表现，另一方面会造成客户的流失。因此，客服人员对异常订单的及时处理尤为重要。

本任务的主要工作内容：

1. 分析异常订单产生的原因。

2. 制定异常订单处理措施。

3. 完成异常订单处理操作。

任务准备

一、异常订单的常见类型

异常订单，顾名思义就是在客户购物过程中出现异常情况的订单。由于不同电商平台的运营规则存在差异，因此对于异常订单的界定也会有所区别。常见的异常订单类型主要有以下四种：

（一）缺货异常订单

缺货异常订单是指客户在下单后发现所购买的商品暂时无货的订单。所谓缺货，即供需关系出现了缺口，大部分缺货不外乎两种原因：一是订货不足，二是补货不足或不及时。网店出现缺货异常订单一般是因为供应链的问题，如生产延迟、库存不足、需求超出预期等。

（二）物流异常订单

物流异常订单是指发生客户提供的收货地址错误、配送途中丢失商品或商品被损坏等情况的订单。这些问题会导致交货延迟、商品无法送达或商品损坏，给客户和商家带来不便。例如，由于物流过程中错误操作、偷窃或意外事件等原因造成配送过程中商品丢失；商品在运输过程中受到碰撞、摔落导致商品损坏。

（三）付款异常订单

付款异常订单是指客户在支付过程中遇到各种问题（如支付失败、支付金额错误等），造成无法正常完成支付的订单。支付失败的主要原因包括：银行限制、网络故障、支付平台故障或者客户输入错误等。支付失败会导致订单无法完成、交易被取消或延迟处理。支付金额错误会导致款项不匹配，难以处理订单或退款。

（四）客户投诉订单

客户投诉订单是指因客户对其购买的商品或服务不满意而进行投诉的订单。这种投诉可能涉及各种问题，如订单处理延迟、商品质量问题、配送问题、服务态度不好等。客户投诉的目的是寻求解决方案、获得合理的解释或要求补偿、退款等。对商家来说，处理客户投诉订单是维护客户关系、提升客户满意度和保持品牌声誉的重要环节。

二、异常订单的不良影响

异常订单产生的不良影响主要有以下五种：

（一）经济损失

异常订单会导致经济损失。例如，缺货异常订单一方面可能会导致客户因商品无法准时发货而取消订单；另一方面，缺货异常订单需要在商品到货后重新进行处理，并且可能需要为了使客户满意而提供折扣或补偿，这些都会导致额外成本的产生，给网店带来经济损失。

（二）客户满意度下降

异常订单会导致客户满意度下降。客户可能会因为订单延迟、商品问题或售后服务不到位而感到失望，进而对网店的评价和推荐产生负面影响。

（三）品牌形象受损

异常订单的积累会对网店打造的品牌形象产生负面影响。客户对网店的不良体验和口碑传播可能会影响其他潜在客户的购买决策，进而降低网店的可信度和声誉。

（四）资源浪费

处理异常订单需要额外的时间、人力和资源。网店需要花费大量的人力和精力来验证订单的真实性、进行沟通、跟踪包裹和退款等。

（五）处罚与限制

电商平台对违反其规则的网店通常会采取处罚与限制措施，如降低搜索排名、限制促销活动、冻结资金或账号等。这会严重影响网店的销售能力和曝光度，导致业绩下滑。

博文约礼	网购商品无故撤单属于违法行为 — □ X
	恰逢电商平台促销节，商家纷纷推出各种优惠活动。小沐在某网店看到一件心仪已久的商品正在打折，非常心动，便果断支付下单，进行了购买。但是几天后，

小沐被告知由于该商品太火爆，目前处于缺货状态，需要14天后才能发货。小沐表示理解，同意了商家延迟发货的请求。可是又过了几天，小沐发现自己的订单被莫名其妙地取消了。虽然先前支付的货款已经退回到账户中，但是自己却没有接到任何告知订单被取消的通知，这让小沐十分气愤。

对于以上小沐遭受无故撤单的事情，《中华人民共和国民法典》规定：当事人采用信件、数据电文等形式订立合同要求签订确认书的，签订确认书时合同成立。当事人一方通过互联网等信息网络发布的商品或者服务信息符合要约条件的，对方选择该商品或者服务并提交订单成功时合同成立，但是当事人另有约定的除外。

按照《中华人民共和国民法典》的规定，小沐已经成功提交订单，就意味着合同已经成立，网店存在违约行为。通过平台调解，该网店需要交付小沐订购的商品，同时为自己的过错道歉。商家一定要坚守诚信和法律底线，杜绝此类情况的出现。

三、异常订单的处理方法

对于不同类型的异常订单应采用不同的处理方法，因此在处理异常订单时，需要仔细核实订单的详细情况并确认异常产生的原因。

（一）缺货异常订单处理方法

由于缺货导致客户不能在预期的时间内收到购买的商品，容易引起客户的不满情绪。因此，处理缺货异常订单时，客服人员需要专注于客户满意度和良好的沟通，提供合理的解释并尽快给出解决方案，帮助客户做出决策。例如，客服人员向客户告知商品缺货情况，并与客户协商是否继续等待货物到货还是选择其他相似的商品。通过积极的沟通和处理，最大限度地降低客户的不良购物体验，维持良好的客户关系。

（二）物流异常订单处理方法

1. 查询订单物流情况

发现物流异常订单，客服人员应首先与物流服务提供商（如快递公司）联系，了解订单的具体情况，包括是否发生延误、是否丢失、是否遇到其他问题等。

2. 及时与客户进行沟通

客服人员及时与客户进行沟通，告知其订单的物流异常情况并表示歉意。同时，客服人员应提供准确的物流信息，解释造成物流异常的原因，并向客户说明解决方案和后续的处理措施。

3. 追踪订单状态

客服人员通过物流追踪系统或与物流服务提供商进行沟通，持续追踪订单的状态，了解订单的动态、进展，确保及时获取最新信息并与客户共享。

4. 建立客户服务反馈机制

为了更好地处理物流异常订单，网店要建立客户服务反馈机制，让客户能够及时反馈物流相关问题，并能得到及时的回应与解决。

（三）付款异常订单处理方法

1. 与客户联系查明原因

客服人员通过与客户联系确认付款异常的具体情况，了解客户付款时遇到的问题，如支付方式选择有误、银行限制、信用卡问题等，并与客户进行积极沟通，寻找解决方案。

2. 指导客户操作

如果问题是由于客户操作不当导致的付款异常，客服人员可以向客户提供详细的操作指导。例如，提供网上支付的操作步骤说明、注意事项等，以确保客户能够正确地完成付款过程。

3. 跟进支付平台或银行

如果付款异常是由于支付平台或银行方面问题导致的，客服人员可以联系相关方面进行核实，提供相关订单和付款信息，协商解决方案。

直通职场	付款异常订单处理的基本原则
	1. 快速响应和处理
	处理付款异常订单的关键是快速响应和处理。客服人员要及时回复客户的咨询、处理付款问题，并向客户提供具体的解决方案和预计的处理时间。
	2. 保护客户隐私与安全
	在处理付款异常订单时，客服人员要确保客户的隐私和支付信息的安全，遵循相关的隐私政策和安全措施，不泄露客户的个人信息和支付细节。

（四）客户投诉订单处理方法

1. 及时回应客户投诉

当收到客户投诉时，客服人员要尽快回应并确认收到投诉。回应可以通过邮件、电话或在线等方式进行，让客户知道他们的问题已经得到关注。

例如，当客服人员收到一条关于商品非正品的投诉时，可以这么回复：您好，很抱歉给您带来了困扰。请告诉我您购买的商品信息和具体的投诉内容，我会尽快为您解决。

2. 倾听客户投诉内容

客服人员认真倾听客户的投诉内容，理解他们的不满和需求，给予客户足够的表达空间，尽可能了解他们的经历和遭遇，让客户感到被重视和关心。

3. 道歉并表达理解

客服人员向客户表示真诚的道歉，表达对他们遇到问题所带来的不便和困扰的理解，认可客户的感受，并表明会尽力解决问题。例如，可以这么回复：非常抱歉听到您的投诉。我理解您的疑虑和不满。请您提供一下订单号和相关照片，我会进行核实。

4. 提供合理解决方案

客服人员与客户合作，共同找到解决问题的方法，根据客户的需求和投诉的具体问题，提供合理的解决方案。客服人员应尽量满足客户的合理要求，积极解决问题，给客户一个满意的解决结果。

5. 跟进和反馈处理过程

在问题得到解决后，客服人员应及时跟进并向客户提供反馈，确保解决方案得以落实，并确认客户是否满意。此外，客服人员要在整个处理过程中与客户保持沟通，确保问题的解决得到客户认可。

6. 总结和改进服务流程

客服人员对投诉订单进行总结和分析，找出问题的根源并采取相应的改进措施。例如，改进流程、完善售后服务、提升商品质量等，以避免类似问题再次发生。

7. 向客户表达感谢和关怀

在问题解决后，客服人员向客户表达感谢和关怀。发送感谢信或优惠券，以回馈客户的支持和忍耐，同时维护良好的客户关系。

客户投诉的
常见原因

任务实施

任务背景：

尚宜旗舰店特别重视异常订单处理的时效性和客户对于处理结果的满意度，因此要求客服人员对于任何异常订单都要积极响应，认真分析产生的原因，并给出合理的解决方案。根据以往运营经验，网店在活动期间出现异常订单的概率会有明显的提高。恰逢网店一年一度的电商购物节活动之际，为了提高异常订单的处理效率，客服主管安排客服人员小琳专门负责本次活动期间各类异常订单的处理工作（相关资料见 Abook 资源）。

任务要求：

1. 根据客户订单状态，明确异常订单类型，分析异常订单产生的具体原因。

2. 根据异常订单产生的具体原因，结合客户信息或客户需求，制定异常订单处理措施。

3. 根据异常订单处理措施，使用网店订单处理功能，完成各类异常订单的在线处理。

任务分析：

在大型促销活动期间，网店各类异常订单出现的概率高于平常是一种普遍存在的现象。产生这种现象，一方面是因为促销活动会导致网店短期内咨询量激增，客服人员无法快速响应每个客户的咨询需求；另一方面促销活动期间平台活动与店铺活动同时开展，优惠力度较大，有可能因为订单激增导致库存储备不足，不能及时发货，或者物流压力较大导致配送过程出现操作失误等情况。

在网店参与大型促销活动之前，可以结合以往活动期间出现的高频异常订单产生的原因，提前制定异常订单处理方案。在活动期间，当同类型的异常订单出现时，能够及时进行有效的处理，降低异常订单带来的不良影响。

任务操作：

任务操作1：根据客户异常订单信息，判断异常订单类型，分析异常订单产生的具体原因，并评估异常订单对网店可能带来的不良影响，填写表3-1-1。

表3-1-1　异常订单产生原因及影响分析

订单编号	异常订单信息	异常订单类型	订单异常原因	造成影响

任务操作2：根据各类异常订单产生的具体原因，结合网店异常订单处理规定和客户需求，有针对性地制定异常订单处理措施，填写表3-1-2。

表3-1-2　异常订单处理措施

订单编号	处理措施

任务操作3：根据制定好的异常订单处理措施，完成各类异常订单的线上处理操作，并告知客户订单处理结果。

评价任务	评价标准	评价结果			
		优	良	中	差
异常订单处理	异常订单类型判断的精准性				
	异常订单产生原因分析的全面性和准确性				
	异常订单处理的规范性和及时性				

　　大型促销活动期间是异常订单出现的高频时期，网店在日常的运营过程中也会时不时出现异常订单，而且经营不同类目的网店出现异常订单的原因会有很大区别。爱依旗舰店的服饰类商品由于普遍价值较高，客户期望值较高，容易出现因对质量不满意而引起的客户投诉。请以客服人员小乔的身份，结合服装服饰类商品异常订单信息，分析产生异常订单的具体原因，并完成此类异常订单的处理（详细资料见Abook资源）。

任务二 退换货处理

随着电子商务的迅速发展，越来越多的人选择在网上购物。然而，由于各种原因，客户有时需要退换所购买的商品。为了保证客户的权益，国家制定了一系列关于电商退换货的法律法规。各大电商平台基于国家制定的退换货法律法规，制定了平台退换货政策。网店客服人员需要按照退换货政策，结合客户的退换货要求，完成退换货处理。良好的退换货服务不仅能吸引更多的客户，还能提高客户的满意度，为网店带来更高的销售收入和品牌价值。

本任务的主要工作内容：

1. 分析客户退换货原因。

2. 制定客户退换货处理措施。

3. 记录退换货订单处理过程。

一、常见的退换货原因

客户申请退换货的原因通常是为了解决购物过程中出现的问题，获得满意的解决方案。客服人员需要及时响应客户的要求，核实退换货条件，并提供快速、准确的退款或重新发货服务，以维护客户关系，提供良好的售后体验。常见的退换货原因主要有以下四种：

（一）商品与页面描述不符

客户在实际收到购买的商品后，发现商品在尺寸、颜色、款式、材质面料等方面与网店商品详情页面描述不符，因与客户的购买预期不符而申请退货或换货。商品与页面描述不符不仅会给客户带来不好的购物体验，还会影响网店的评分。

（二）商品质量问题

客户在收到购买的商品后，发现存在明显的质量问题，如瑕疵、损坏、缺陷等。这有可能是商品制造过程中的疏忽、运输过程中的损坏等导致的，以致客户无法正常使用商品，因此要求退换货。

（三）错发商品

错发是指客户收到的商品与实际购买的商品不符。例如，客户购买的A商品却收到了B商品。这种情况可能是由于商家在仓库或运输过程中出现混淆或错误打包等原因导致的。客户通常会申请换货以获得正确的商品，满足自己的购买需求。

（四）未收到商品

未收到商品是指客户在一定时间内未收到预期的商品。这可能是由于物流延迟、包裹丢失或被盗等原因导致的。在这种情况下，客户可能会申请退货以获得全额退款。如果客户对商品有着强烈的需求，也可能会要求重新发货。

博文约礼	**"七天无理由退货"是法律明文规定** — □ X
	《中华人民共和国消费者权益保护法》规定："经营者采用网络、电视、电话、邮购等方式销售商品，消费者有权自收到商品之日起七日内退货，且无需说明理由，但下列商品除外： （一）消费者定作的； （二）鲜活易腐的； （三）在线下载或者消费者拆封的音像制品、计算机软件等数字化商品； （四）交付的报纸、期刊。 除前款所列商品外，其他根据商品性质并经消费者在购买时确认不宜退货的商品，不适用无理由退货。 消费者退货的商品应当完好。经营者应当自收到退回商品之日起七日内返还消费者支付的商品价款。退回商品的运费由消费者承担；经营者和消费者另有约定的，按照约定。" 由此可见，消费者通过网络购物方式取得的大多数商品有权自收到商品之日起七日内退货，且无需说明理由。即消费者享有七日内无理由退货的权利，这一规定所对应的权利被称为"网购后悔权"。

二、常用的退换货处理方法

当客户表现出想要退换货的意愿或提出退换货申请时，客服人员要快速、高效地响应客户的需求并提供明确的退换货政策。在遵循客户满意至上的基础上，倡导"能留则不换，能换则不退"的处理方式，为客户提供多种选择方案，并通过协商降低网店退货率，提高网店成交率。不同退货原因对应的处理方法及跟进措施，如表3-2-1所示。

表3-2-1　不同退货原因对应的处理方法及跟进措施

退换货原因	退换货处理方法	后续跟进措施
商品与页面描述不符	① 检查商品详情页描述是否有误导客户理解的内容 ② 确认商品是否存在错发现象 ③ 确定存在问题，联系客户协商，给予换货或退货	① 检查每一个商品详情页描述内容，确保表达无歧义 ② 加强配货工作人员的培训，确保发货商品与客户购买的商品一致
商品质量问题	① 联系客户提供实物照片，以确认商品情况 ② 核实进货质量合格情况 ③ 若属于一般瑕疵，可以直接给客户合理的金额补偿，劝说客户留下商品 ④ 若存在的商品问题已影响使用，可直接同意客户的退货申请	① 发货前仔细检查商品质量 ② 重新挑选优质的供应商
错发商品	① 联系客户提供实物照片，以确认商品情况 ② 请求客户寄回错发的商品，并承诺承担寄回运费 ③ 为了确保客户能快速收到正确的商品，建议客户先申请七天无理由退货，然后重新拍一单	① 建立严格的发货流程 ② 在商品出库前进行双重检查，确保商品与订单完全匹配 ③ 在每款商品上使用容易识别的标识和标签
未收到货	① 向快递公司核实物流及签收情况 ② 若非本人签收，且没有客户授权，则先给客户退款，然后与快递公司协商索赔事宜	① 选择快递公司时，做好充分的调查，尽量选择与服务品质高、发货速度较快的快递公司合作 ② 与快递公司提前协商，明确商品破损、丢件等损失的责任

三、退换货处理的操作流程

每个商家的退换货处理流程会有所不同，具体流程取决于退换货的政策和具体要求。在处理退换货的过程中，最重要的是及时与客户保持沟通，并以快速、专业的方式处理退换货请求，为客户提供良好的退换货服务。一般情况下，退换货处理的操作流程，如图3-2-1所示。

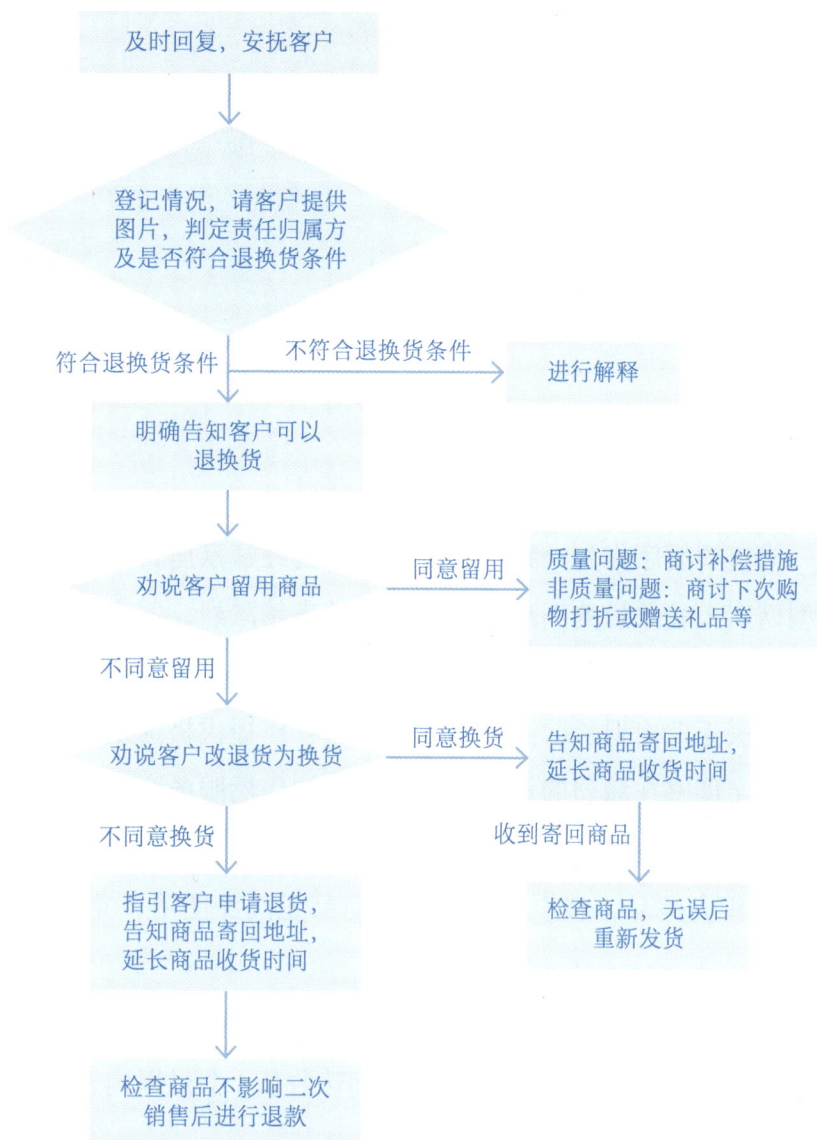

及时回复，安抚客户

登记情况，请客户提供
图片，判定责任归属方
及是否符合退换货条件

符合退换货条件 ← → 不符合退换货条件 → 进行解释

明确告知客户可以
退换货

劝说客户留用商品 —— 同意留用 → 质量问题：商讨补偿措施
非质量问题：商讨下次购
物打折或赠送礼品等

不同意留用

劝说客户改退货为换货 —— 同意换货 → 告知商品寄回地址，
延长商品收货时间

不同意换货

收到寄回商品

指引客户申请退货，
告知商品寄回地址，
延长商品收货时间

检查商品，无误后
重新发货

检查商品不影响二次
销售后进行退款

▲ 图3-2-1 退换货处理的操作流程

主流电商平台
退换货政策

— □ X

行业洞察

电商平台消费者保障服务

"消费者保障服务"项目是某电商平台针对买卖双方提供的一项消费权益保护政策。对于卖家而言，这不仅是一种信誉的体现，更是对自己商品质量和服务的自信。

"消费者保障服务"以个性化、多样化的服务为消费者提供更好的选择，让消费者能了解到除商品之外的更多重要服务承诺，从而使消费者在购物过程中能放心购买、快速下单，使售后处理更有保障。在某电商平台开店以后，默认加入"消费者保障服务"，即全网实行消费者保障服务，这样可以极大地获得消费者的支持和信任，从而提高网店销量。

现阶段，该电商平台"消费者保障服务"主要分为初级服务和高级服务两个部

行业洞察

分。初级服务为默认开通状态，主要包含"基础消保"和"7天无理由退货"。在初级消费者保障服务之上，平台还提供了多种特色消费者保障服务，简称高级服务。高级服务主要包含海外直邮、退货承诺、卖家包税、免费送装、免费换新、卖家运费险等。

任务实施

任务背景：

尚宜旗舰店作为一家在主流电商平台经营家居日用品类目的店铺，随着同类型网店入驻数量的不断增加，竞争越来越激烈，网店的销售额出现了明显的下滑。通过分析发现，很多后续入驻的网店为了快速获取流量，积累店铺和商品销售数据，在"七天无理由退货"的基础上，还为客户提供极速退款和运费险等售后增值服务。尚宜旗舰店为了能够在激烈的竞争中突显本店的售后服务竞争力，根据各竞争网店的退换货政策，结合自身在售商品的特性，更新了本店的退换货政策。其具体内容如下：

（1）对于家用纺织类商品，客户收到货后，商品无洗涤使用、完好无损，支持15天内无理由退换货。

（2）店内所有品类中单件价格超过66元的商品，免费提供运费险。

（3）日用百货类除拖鞋之外的其他商品，在确认收货1个月以内，出现非人为因素导致的质量问题，免费包换。

基于以上新的退换货政策，客服人员小琳结合不同客户的退换货要求，完成退换货订单的处理（相关资料见Abook资源）。

任务要求：

1. 根据客户退换货要求，分析产生退换货的原因，洞察客户的真实诉求。

2. 根据客户的真实需求，结合网店退换货政策，制定退换货处理措施。

3. 根据制定的退换货处理措施，通过与客户沟通协商，完成退换货订单处理。

任务分析：

"七天无理由退货"是法律明文规定每个商家必须为客户提供的退货服务（法律约定的特殊商品和情况除外）。很多商家为了优于其他网店，会在此基础上提供更高层次的增值服务，进而获得更多客户的青睐。在此，需要注意的是一旦商家做出服务承诺，就必须严格执行，否则就会产生违规行为。网店设置便利的退换货政策，并不是为了鼓励客户退换货，而是为了消除客户的购买顾虑，吸引更多客户购买商品。因此，客服人员在面对客户的各类退换货申请时，要通过自己对商品和对退换货政策的把握，与客户进行积极的沟通，了解客户真实的需求，提供科学、合理的解决方案，积极引导客户在店内形成转化。

任务操作：

任务操作1：根据客户退换货要求的具体描述，分析客户退换货的原因，明确客户的真实诉求，填写表3-2-2。

表3-2-2　客户退换货原因分析

订单编号	退换货问题描述	客户退换货原因	客户真实诉求

任务操作2：根据客户的真实诉求，结合本店的退换货政策，判定客户是否符合退换货条件，并基于不同的情况制定不同的处理措施，填写表3-2-3。

表3-2-3　制定退换货处理措施

订单编号	是否符合退换货条件	处理措施
	□是　　　□否	
	□是　　　□否	
	□是　　　□否	

任务操作3：客服人员根据制定好的处理措施，按照平台退换货操作流程，完成客户退换货订单的处理，及时告知客户处理进展。除此之外，客服人员还要详细记录整个退换货处理过程，为后续客户服务效果分析和优化提供丰富的数据支撑，填写表3-2-4。

表3-2-4　退换货订单处理过程记录表

退换货原因	申请时间	处理过程	解决方案	结果

任务评价

评价任务	评价标准	评价结果			
		优	良	中	差
退换货处理	客户退换货原因分析的准确性和全面性				
	退换货处理措施的合理性				
	退换货订单处理过程记录的全面性和准确性				

　　爱依旗舰店是一家在主流电商平台刚刚开设的经营服装服饰类目商品的店铺，店内商品价格区间为199~899元，主要面向30~40岁的职场白领女性。开店之初，为了快速积累店铺和商品人气，店内除了大力开展促销活动之外，还支持10天无理由退货，所有商品免费提供运费险（可抵10元运费）。基于促销优惠和退换货服务，活动期间店内销售额增长明显的同时，退换率也明显上涨。

　　请以客服人员小乔的身份，根据客户退换货需求，结合服装服饰类目商品特性和爱依旗舰店的退换货政策，完成退换货订单的处理（详细资料见Abook资源）。

任务三　售后纠纷处理

任务描述

虽然随着数字化技术的快速发展，线上线下购物的体验越来越相近，但是两者之间还是存在一定的差异。线上交易客户无法直接感受商品的质感、商品的性能，通过商品详情页和主播介绍感知到的商品与实物可能会存在一定的差异性。而且从购买商品到收货还需要经过拣货、包装、出库、装运、配送等多个环节，商品从商家到客户手中经历的环节越多，出现问题的可能性就越大，所以在线上交易的过程中很容易因为商品、发货、服务、价格等各种问题产生纠纷。各大电商平台为了增强客户对平台的黏性，提高客户的购物体验，纷纷将纠纷商责率纳入网店的评价指标。因此，各个网店都非常重视售后纠纷问题的处理，努力降低纠纷商责率。

本任务的主要工作内容：

1. 分析售后纠纷类型及产生的原因。
2. 制定售后纠纷处理措施。
3. 完成售后纠纷处理操作。

任务准备

一、售后纠纷平台受理范围与期限

随着电商行业的迅猛发展，越来越多的客户选择在各大电商平台上购物。然而，由于商品种类繁多、供应链复杂等原因，售后纠纷随之增加。买卖双方就订单产生交易纠纷时，商家需积极与客户沟通解决。通常，客户提起交易纠纷申请后24小时内，买卖双方协商未果或商家未做处理，且客户申请平台介入的，平台有权根据法规、协议及相关规则等对纠纷进行处理。

（一）受理范围

通常，电商平台所受理的争议订单商品须为在该平台上通过第三方支付机构、货到付款方式（该货到付款方式须符合电商平台相应规则及流程要求）或该平台认可的其他支付方式购买的商家商品。

（二）受理期限

若买卖双方就交易产生纠纷，客户需要在电商平台规定的时限内向平台发起介入申请。通常来说，发货时效问题，需要在15个自然日内发起申请；取消订单退款问题，需要在退款申请被拒绝后的15个自然日内发起申请；售后退换修问题，需要在售后服务申请被拒绝后的15个自然日内发起申请；发票问题，需要在发票申请被拒绝后的15个自然日内发起申请。

二、售后纠纷类型及处理规则

售后纠纷是指在客户购买商品或享受服务后出现问题或不满意的情况下所产生的纠纷或争议。常见的售后纠纷类型主要有：商品类纠纷、发货类纠纷、价格类纠纷。

（一）商品类纠纷及处理规则

商品类纠纷主要包括假冒商品纠纷、商品描述不符纠纷、商品质量纠纷、赠品纠纷四种。

1. 假冒商品纠纷

假冒商品纠纷是指客户表示收到的商品属于假冒商品，申请平台介入处理的纠纷。平台介入判定商家责任的，客户有权申请退货退款，发货及退货运费由商家承担，商家应按自主售后要求为客户退货退款。商家出售假冒商品经核定属实，客户申请赔付的，商家应按法律规定及平台规则对客户进行赔付；平台对客户进行先行赔付的，赔付费用由商家承担。

2. 商品描述不符纠纷

描述不符是指客户收到的商品与达成交易时商家对商品的描述不相符，商家未对商品瑕疵、保质期、附带品等必须说明的信息进行说明，妨害客户权益的行为。若客户以"收到的商品与描述不一致"为由申请平台介入的，客户应提供商品的相关图片，平台有权根据商品图片进行判断。经核实客户收到的商品与商家描述不符的，客户有权申请换货、退货退款，发货及退换货运费由商家承担。

如问题通过图片无法做出判断的，平台通常会要求商家提供相关的证明文件，如厂家的经销凭证、商品合格证、商业发票、检测凭证等，以便核实处理。若交易中商家对商品的描述约定不清楚的（如商品为均码，但未就具体尺寸进行说明），客户有权申请换货、退货退款，发货及退换货运费由商家承担。

3. 商品质量纠纷

若客户以"收到的商品存在质量问题"为由申请平台介入的，平台通常会根据客户提供的商品图片或其他证明材料进行判断，直接认定是否存在质量问题。如果客户表示商品存在质量问题，但该质量问题通过客户提供的举证文件无法判断的，客户申请平台介入后，商家应当按照平台的要求提供商品的正规进货凭证，如厂家的经销凭证、商品合格证、商业发票等证明文件。

若平台介入判定商家所售商品确实存在质量问题的，商家应为客户进行售后退换货处理，并在规定时间内审核售后服务单，若超时未审核，平台通常会将商家的售后地址提供客户，在确认商品退回商家的售后所在地后，平台通常会用商家在平台中账户的余额为客户优先赔付退款，由此产生的损失或费用将由商家自行承担。若平台介入判定商品无质量问题，商家无责的，商家也应该协助平台积极处理客户问题。

4. 赠品纠纷

赠品是指客户以购买交易商品为前提而获得的商家承诺或双方约定的赠予物品或服务。商家应当对赠品的品种、规格、数量、服务项目等要素进行清晰、如实的描述，不得出现误导客户的信息。如赠品为临保商品，商家需在相应页面展示赠品的到期日期。赠品纠纷优先由商家和客户自行协商解决。

如双方无法协商达成一致的，平台会根据买卖双方的实际情况判定责任归属。若买卖双方就赠品问题产生纠纷并判定商家责任的，平台会支持客户的正当诉求，包括但不限于赠品补发、换新、退货退款等；如非商家责任，平台也会支持商家的权益，包括但不限于关闭纠纷单等。

直通职场	**纠纷问题处理考核指标**
	目前，多数电商平台对于商家在纠纷问题处理方面主要考核两个指标，即纠纷商责率和平台介入率。
	纠纷商责率是指某时间段内商家责任纠纷订单量占实际订单量的比值。
	平台介入率是指一定周期内产生过纠纷的订单量占有效下单量的比例。
	通常来说，纠纷商责率和平台介入率都会影响网店的排名，数值越高越不利于网店的排名。除此之外，平台介入率还会影响服务考核结果。商家在经营过程中应积极受理客户的服务请求（工单），对买卖双方产生的争议问题不应发生消极处理行为。平台介入率高，可以从侧面反映出客服处理客户问题的积极性较差。对于平台介入率不达标的，有些电商平台会对商家采取现金惩罚或限售等措施。

（二）发货类纠纷及处理规则

发货类纠纷主要包括发货纠纷、配送纠纷、签收纠纷和运费纠纷四种。

知识产权纠纷

1. 发货纠纷

若客户因商家未依照国家相关法律法规规定、未依照有关协议或规则约定等进行发货，或因虚假发货、延迟发货、拒绝发货、未按照要求使用发货方式等问题申请平台介入处理纠纷的，平台通常会依据其发货管理规则等进行处理。

2. 配送纠纷

客户在配送环节申请平台介入纠纷处理的，平台会根据商家承诺的配送标准进行相应的处理。商家在商品详情页承诺或与客户约定特定承运人（如特定物流公司）、承运方式（如全程冷链运输）的，商家应按照承诺内容积极履约。若商家未兑现承诺，客户有权拒收商品，相应损失由商家承担。如商品配送存在超范围问题，商家应在商品详情页说明或与客户另行约定，否则商家需提供免费转运服务，如客户同意自行提货，由此产生的自提费用由商家承担。

3. 签收纠纷

若客户因系统显示到货但实际未收到货，签收后商品与描述不一致、商品少件、商品错件、少赠品等申请平台介入处理纠纷的，平台会根据商家规定的签收标准进行处理。例如，客户需确保订单中填写的收件信息真实、详细、准确、有效。若因客户收件信息填写错误导致商家发货后无法送达，则由客户承担该责任限度内的不利后果（如退回运费、生鲜商品损失等）；客户只填写收货地址，未有效填写其他收货信息，若商品在收货地被签收，则该签收视为客户本人行为。签收行为可以由收货人本人完成或委托他人代为完成，委托他人代收的，视为由收货人本人签收。

此外，收货人签收商品时，应当对商品进行验收。如签收后发现商品与描述不一致，应于签收后48小时内（另有规定的除外）反馈，并提供有效凭证证明存在商品与描述不一致情形，商家应支持客户的退货退款（包括客户拒绝签收的）、换货或补发要求。

4. 运费纠纷

交易中的运费纠纷，平台一般会根据"谁过错，谁承担"的原则处理，但买卖双方协商一致的除外。运费纠纷主要涉及发货运费纠纷、签收运费纠纷、退换货运费纠纷、约定运费纠纷、维修运费纠纷几种。不同平台及不同网店对于各类运费到底由谁来支付可能会有所不同。客服人员需要根据平台运费纠纷处理规则结合网店对客户的承诺处理此类纠纷问题。

（三）价格类纠纷及处理规则

价格类纠纷主要是标错类纠纷。标错类纠纷是指商家商品或服务信息在页面信息展示过程中发生标注错误，包括价格、数量、促销语、图片、规格参数等方面的信息，客户因标注错误导致问题而申请平台介入处理的纠纷。对于已产生的标错商品信息订单，商家应按订单约定履行合同义务。商家履约发货的订单，如产生投诉等情形应按正常订单进行处理。如商家认为有部分或全部订单无法履约发货，须在知道或者应当知道事件发生的2小时内向平台进行报备。报备前产生的客户投诉（如未能及时发货等）情形，均按照正常订单进行处理。

三、售后纠纷处理方法

解决售后纠纷是客服人员必须面对的问题，提高售后服务质量，减少售后纠纷的发生是每个客服人员的重要职责。在日常的售后纠纷处理过程中，常用的售后纠纷处理方法主要有以下几种：

（一）快速响应客户问题

在售后纠纷发生时，及时有效的沟通是解决纠纷问题的关键。客户一旦在店铺留下差评或者投诉到平台，对于商家而言，再进行解决就比较烦琐。因此，当客户提出问题后，客服人员应该尽快回复并进行详细的沟通，寻找解决方法。

（二）保持耐心和宽容

在解决售后纠纷问题的过程中，客服人员要保持足够的耐心和宽容。产生售后纠纷往往是因为客户对商品或服务不满意而引发的，通常客户的情绪比较负面。此时，客服人员要冷静对待，并采取合适的方法帮助客户解决问题，安抚客户的不满情绪。

（三）提供快速的退换货服务

在售后纠纷中，通常客户最希望的是能够得到快速的退货或换货服务。制定合理的售后政策和标准，可以大大减少售后纠纷的发生。例如，针对不同类型的商品设置不同的退换货条件。客户提出问题后，客服人员能够积极主动提供优质的退换货服务，不仅能提高客户的满意度，还能提升网店口碑。

行业洞察

提前预防售后纠纷发生的措施

1. 提高商品质量

商品质量是售后纠纷发生的主要原因之一。一旦客户收到质量低劣的商品，就会产生不满和投诉。因此，网店要加强对商品质量的把控，进行严格的质检，确保出售的商品符合相关要求。

2. 优化售后服务流程

首先，要明确售后服务的责任和义务，并将其写入网店规则和客户协议中，以便客户在购物前能够了解到售后服务的具体内容。其次，可以利用智能客服等技术

手段，提高售后服务的效率和准确性。最后，要建立健全的售后服务记录和反馈机制，定期对售后服务进行评估和改进，以提高售后服务的质量和客户的满意度。

3. 建立信任和口碑

首先，提供真实可信的商品信息和服务承诺，不进行夸大宣传和虚假宣传。其次，客服人员要积极回应客户的评价和意见，及时解决问题，提高客户的满意度。最后，要加强与客户的互动和交流，如举办线上线下的促销活动，增加客户的黏性和忠诚度。

任务实施

任务背景：

尚宜旗舰店在"双11"购物节来临之际，网店视觉设计师根据活动商品和活动规则，对网店首页和活动商品详情页重新进行了视觉设计。客服人员小琳作为网店的售后服务人员，为了能在活动期间积极响应客户的投诉，降低网店的纠纷商责率和平台介入率，认真学习了网店商品促销规则、退换货政策和平台售后纠纷处理规则。基于以上知识储备，客服人员小乔开始处理"双11"期间店内产生的售后纠纷问题（相关资料见Abook资源）。

任务要求：

1. 根据售后纠纷的内容，判断纠纷类型并分析产生的原因。

2. 根据售后纠纷产生的原因，结合网店相关政策和处理规则，完成各类纠纷问题的处理。

任务分析：

售后纠纷产生的原因有很多，无论是商品原因、物流原因还是客户自身的原因，都需要商家进行妥善处理。大型促销活动期间，由于网店首页和商品详情页的重新设计，比较容易出现价格类纠纷。客服人员要非常熟悉店内对客户公布的活动规则以及参与活动的商品，当客户提起这类纠纷时，能及时进行确认并给出解决方案。除此之外，活动期间由于短时间内仓库需要处理大量订单，很容易导致发货类和商品类纠纷。对于此类纠纷，客服人员应提前熟悉网店售后服务政策和发货流程、涉及的环节及主要参与人员，一旦出现此类纠纷，能够快速找到问题产生的原因，缓解客户的不满情绪。

任务操作：

任务操作1：根据客户提出的纠纷内容，判断其售后纠纷的类型和纠纷产生的原因，填写表3-3-1。

表3-3-1 售后纠纷产生原因分析

序号	纠纷内容	纠纷类型	纠纷产生原因
1			
2			
3			

任务操作2：根据纠纷的紧急程度，合理安排纠纷问题的处理顺序，制定纠纷处理措施，填写表3-3-2。

表3-3-2 售后纠纷处理措施

序号	紧急程度	处理措施
1		
2		
3		

任务操作3：根据制定的各类售后纠纷处理措施，结合平台售后纠纷处理流程，完成售后纠纷的处理，并及时告知客户处理结果。

任务评价

评价任务	评价标准	评价结果			
		优	良	中	差
售后纠纷处理	纠纷类型判定的准确性				
	纠纷原因分析的全面性和准确性				
	纠纷处理顺序安排和处理措施的合理性				

任务拓展

爱依旗舰店为了回馈客户的厚爱，在店铺周年庆之际，推出了一系列优惠活动和新的退换货政策。活动期间，由于网店运营经验不足，产生了各种商品类、发货类、价格类纠纷。请以客服人员小乔的身份，按照爱依旗舰店对客户承诺的相关服务和促销政策，结合平台相应纠纷处理规则，完成各类售后纠纷问题的处理（详细资料见Abook资源）。

任务四 客户评价处理

任务描述

客户评价是指客户针对购买过的商品、服务或整体购物体验给出的反馈，是客户基于他们与商家或客服人员的互动而给出的评论和观点。各大电商平台为了保障客户在平台上能够买到符合自己预期的商品，尽量避免因商家单方面展示商品信息造成的商品描述不符问题，提供了已购买商品客户的评价渠道。同时，为了鼓励网店诚信经营和增强客户服务意识，将客户评价纳入了网店等级和商品排名的评价指标中。已购买商品客户积极的评价能为后来的客户提供正面的参考，从而提高订单的转化率。相反，已购买商品客户消极的评价不仅会影响商品和网店的排名，还会为后来的客户提供负面的参考，进而造成客户的流失。

本任务的主要工作内容：

1. 分析客户评价类型及产生的原因。

2. 制定客户评价处理措施。

任务准备

一、客户评价类型

目前，绝大多数电商平台支持客户收到货物后，通过图文、视频等形式对卖家所提供的商品、服务等进行评价。常见的客户评价类型有：好评、中评、差评和追评。

（一）好评

好评是客户满意的反馈。通过提供优质的商品和用心的服务，客户在收到货后对商品、物流和服务都满意时，可能会给予好评。好评率是网店持续向前发展的动力。很多客户在购物时会习惯性地查看商品详情页里其他客户对该商品的评价，通过其他客户的信息反馈得到对该商品较为完整的认识。好评率计算公式：

$$好评率 = （好评数 / 总评价数）\times 100\%$$

例如，某卖家累计好评数为143个，好、中、差评总数共计146个，则该卖家好评率为 143/146×100%≈97.95%。

（二）中评

中评反映了客户的中立态度，意味着客户对购买的商品或接受的服务不是完全满意，但问题不足以给出差评，有些客户可能会选择中评来表达对小问题的关注。例如，商品可能质量不错，但配送时间较长；商品描述与商品实际有些许偏差，但在可接受范围内。

（三）差评

通常来说，客户对商品质量、物流速度和客服人员态度等诸多方面不满意，才会给出差评。对于网店来说，一旦有了差评，不仅会影响网店的整体动态评分和好评率，甚至会影响网店的排名及商品的转化率。

（四）追评

追评即追加评论，通常是指在交易成功一定的时间内，对之前评价的补充说明。它通常代表客户对商品的持续使用体验。如果客户最初的评价是中差评，通过追加评论的方式重新给予认可，能有效缓解中差评对该商品销量的影响。

行业洞察

主流电商平台评价管理规范

评价时间：基于真实的交易，交易双方可在交易成功后15天内，以发布与交易的商品或服务相关的信息方式开展相互评价。

评价组成：评价包括"店铺评价"和"评论内容"。"评论内容"包括"文字评论"和"图片评论"。

店铺评价逻辑：买家可针对单笔交易对商家进行描述相符、服务态度、物流服务三项评价。商家的每项店铺评价均为动态指标，系此前连续六个月内所有评价的算术平均值。每个自然月，同一交易双方之间发生的交易，仅计取前三次评价。买家针对交易进行的评分一旦做出，则无法修改。

追加评论：自交易成功之日起180天（含）内，买家可在做出店铺评价后追加评论，追加评论的内容不得修改，也不影响商家的店铺评价。

评价解释：被评价人可在评价人做出评论内容或追评内容之时起的30天内做出解释。

二、客户评价处理方法

（一）客户好评处理方法

对于卖家来说，收获好评并不意味着订单完美结束。一条评价在商品详情页面中展示，其他客户除了能看到这条评价外，还能看到卖家的回复。因此，对于给出好评的客户，卖家可以对客户的好评做出合适又有亲和力的回复，这对客户的复购及网店形象的树立都很重要。合理又有创意的回复不仅可以维护网店客户的关系，还可以让网店更加人性化，提升客户对网店的好感。

处理好评时要做到及时回复，对客户表示感谢。另外，还可以强调商品的售后保障，让客户更加放心。某品牌箱包旗舰店好评回复，如图3-4-1所示。

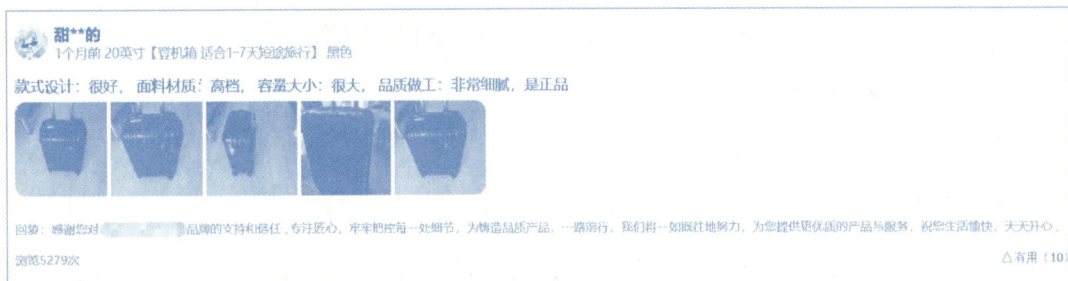

▲图3-4-1　某品牌箱包旗舰店好评回复

（二）客户中差评处理方法

中评和差评都会对网店的综合评分产生不良影响，当网店出现中差评时一定要在第一时间通过客户的评价内容判断导致中差评的原因，并根据其原因，快速提供解决方案。问题解决后，积极引导客户进行正向的追评。

1. 商品问题导致的中差评

客户对商品本身不满意是导致中差评的最常见原因。商品质量不高、描述不符、色差太大、真伪可疑、存在瑕疵、存在污迹、有破损等情况都属于商品本身的问题，这类评价会对后续购买商品的客户造成较大影响。对于此类原因导致的中差评，客服人员要积极联系客户核实商品的具体问题，根据商品问题的轻重程度以及客户的意向，为客户退换货或者给予部分退款补偿，提升客户对网店服务的好感。

2. 客户主观感受导致的中差评

这种情况一般是因为客户收到的商品没有预期中的好，不符合自己的购买预期导致的。对于此类原因导致的中差评，客服人员可以考虑联系客户提议进行补偿。例如，可以赠送抵现的优惠券或者红包，弥补客户因为心理落差导致的不满情绪。

3. 服务问题导致的中差评

服务主要包括客户服务和快递服务。对于这种情况，客服人员首先要确定客户的不满意是因为快递服务原因还是客户服务原因导致的，为后期服务提升与改进明确方向。对客户服务不满意的原因主要包括客服人员态度傲慢、不耐烦、语言粗俗等；对快递服务不满意的原因主要包括到货时间过慢、快递公司暴力装卸损伤商品、快递人员服务不好等。

如果是客户服务原因，一定要及时针对客户服务过程中的问题做出改进。如果是快递原因，客服人员首先要对客户表示歉意，并及时和合作的快递公司对接。除此之外，客服人员针对给客户带来的不便及其程度，可以给予适当数额可用于直接抵现的优惠券或现金补偿。

行业洞察

— □ X

客服人员回复客户中差评注意事项

客服人员在回复解释中差评的过程中，需要注意以下几个方面：

（1）要根据中差评的原因，有针对性地回复客户，因为这能让看到该中差评的其他客户消除顾虑，避免中差评过多地影响到商品的转化率。

（2）注意回复解释的字数和语气，字数越多，态度越诚恳，越能说明客服人员对客户所提及的问题是积极、有耐心、有诚意去解决的。

（3）给出承诺很重要，要说明网店对商品质量的保证，表明服务的态度及原则、解决售后问题的决心等，让后续进店的客户放心购买。

任务实施

任务背景：

尚宜旗舰店大型促销活动结束一段时间后，客服人员小琳发现针对活动转化的订单，客户陆续已经收到了商品，但是订单的评价率不高，并且出现了个别中差评。考虑评价对于网店的重要性，小琳决定优先处理自己所负责商品的评价问题（相关资料见Abook资源）。

任务要求：

1. 根据客户评价状态，结合客户评价内容，分析评价产生的原因。

2. 根据客户评价内容，结合网店相关政策，完成客户评价的处理。

任务分析：

交易成功后，客户即可对本次交易进行评价。所以，客服人员要时刻关注每笔订单的物流状态。对于已经显示签收还未评价的订单，客服人员要及时邀请客户进行积极评价。对于已经给予好评的客户，客服人员要在平台规定的评价解释时间内，及时给出感谢回复，并可借此机会对网店上新或促销的商品进行宣传；对于已经给予中差评的客户，客服人员要在第一时间与客户进行联系，了解客户中差评的原因，并尊重客户自由评价的权利。客服人员可在合理范围内适当为客户提供一定的补偿，弥补因各种原因给客户带来的不便和不良购物体验，并在中差评评论下方给出积极的回复解释。

任务操作：

任务操作1：根据网店客户交易订单评价情况，结合客户评价内容，分析客户评价的类型及产生原因，填写表3-4-1。

表3-4-1　客户评价原因分析

客户ID	评价内容	评价类型	产生原因

任务操作2：根据客户评价产生的原因，结合平台和网店客户评价相关规定，制定合理的处理措施，完成客户评价回复解释，填写表3-4-2。

表3-4-2　客户评价处理措施

产生原因	处理措施

任务评价

评价任务	评价标准	评价结果			
		优	良	中	差
客户评价处理	客户评价类型判断的准确性				
	客户评价原因分析的全面性和准确性				
	客户评价处理措施和评价解释的合理性				

任务拓展

爱依旗舰店小乔在网店周年庆结束一段时间后，发现活动期间产生的订单客户已经陆续收到货物，并有部分客户已对交易做出了各类评价。请以客服人员小乔的身份，结合平台和爱依旗舰店评价处理规则，完成各类客户评价的处理（详细资料见Abook资源）。

同步测评

本同步测评内容涉及1+X网店运营推广职业技能等级证书（初级）中网店客户服务工作领域的客户问题处理工作任务相关内容（如表3-5-1所示）和全国职业院校技能大赛中职组电子商务运营赛项直播销售及客户服务模块相关竞赛内容（如表3-5-2所示）。

表3-5-1　客户问题处理工作任务对应的职业技能要求

工作领域	工作任务	职业技能要求
网店客户服务	客户问题处理	1. 能根据智能客服配置规则，结合业务发展需求，对客户常见问题进行汇总、分类、整理，配置智能客服问答话语库，提高客户问题处理效率 2. 能根据智能客服配置规则，结合不同的客户问题场景，对智能客服问答知识库进行应答测试，完善客户问题话语库，加强智能客服规范性 3. 能根据客户服务原则，结合客户需求，对客户提出的商品相关问题进行及时、规范、有效的处理，提升客户满意度 4. 能根据客户服务原则，结合客户需求，对客户提出的物流相关问题进行及时、规范、有效的处理，提升客户满意度

表3-5-2　中职组电子商务运营赛项直播销售及客户服务模块相关竞赛内容

竞赛模块	竞赛任务	主要内容
直播销售及客户服务	客户异议处理	根据提供的资料，判断客户异议类型，分析异议产生的原因，并提出合理有效的解决方案

一、

单项选择题

1. 以下属于缺货异常订单产生原因的是（　　　）。

   A. 商品损坏　　　　　　　　　　B. 订货不足

   C. 交货延迟　　　　　　　　　　D. 支付故障

2. 以下关于客户因未收到货导致的退货，处理方法正确的是（　　　）。

   A. 联系客户提供实物照片，以确认商品情况

   B. 请求客户寄回错发的商品，并承诺承担寄回运费

   C. 向快递公司核实签收情况

   D. 因不能提供未收到货凭证，可以拒绝退货申请

3. "七天无理由退货"是指（　　　）。

   A. 除特殊情况外，客户自购买商品之日起七日内退货，无需说明理由

B. 除特殊情况外，客户自收到商品之日起七日内退货，无需说明理由

C. 除特殊情况外，客户自咨询商品之日起七日内退货，无需说明理由

D. 除特殊情况外，客户自平台确认签收之日起七日内退货，无需说明理由

4. 以下关于客户评价的说法中错误的是（ ）。

A. 网店评价一般分为好评、中评、差评和追评

B. 中评会影响被评方的好评率

C. 商家可以自由限制客户购买后的评价行为

D. 追评通常是在交易成功后一定的时间内进行

5. 某卖家累计好评数为247个，好、中、差评总数共计260个，该卖家好评率为（ ）。

A. 75%   B. 85%

C. 95%   D. 98%

二、

多项选择题

1. 以下属于异常订单不良影响的有（ ）。

A. 经济损失   B. 客户满意度提高

C. 资源浪费   D. 处罚与限制

2. 以下属于常见的退换货原因的有（ ）。

A. 商品与页面描述不符   B. 商品质量问题

C. 错发商品   D. 未收到商品

3. 以下属于商品类纠纷的有（ ）。

A. 假冒商品纠纷   B. 配送纠纷

C. 商品描述不符纠纷   D. 运费纠纷

4. 以下关于客户评价的描述正确的有（ ）。

A. 好评是客户满意的反馈

B. 中评对网店好评率不产生影响

C. 商家可以通过协商要求客户修改评价

D. 追评代表着客户对商品的持续使用体验

5. 因商品质量问题导致的退换货，正确的处理方法有（ ）。

A. 联系客户提供实物照片确认商品情况

B. 确认商品是否存在错发现象

C. 向快递公司核实签收情况

D. 核实进货质量合格情况

三、
判断题

1. 网店出现缺货异常订单一般是因为供应链的问题。　　　　　　　　（　　）
2. 异常订单会导致客户满意度下降。　　　　　　　　　　　　　　　（　　）
3. 在处理退换货的过程中，最重要的是及时与客户保持沟通。　　　　（　　）
4. 纠纷商责率是指某时间段内商家责任纠纷订单量占实际订单量的比值。（　　）
5. 发货类纠纷主要包括发货纠纷、配送纠纷、签收纠纷和运费纠纷四种。（　　）

四、
技能操作题

　　通过网络，选取三个主流电商平台，分别在各平台上挑选一家经营日用家居品的品牌旗舰店，每个旗舰店至少选取五款不同的商品进行评价调研。调研内容包括旗舰店整体评分、商品的评价数量、好评率以及有代表性的好评内容、中差评内容、追评内容、客服人员回复内容。基于调研完成以下两项工作内容：

1. 根据调研的客户评价内容，分析每个品牌旗舰店产生中差评的主要原因。
2. 根据调研的各个品牌旗舰店客服人员回复内容，分析其回复内容的优缺点，并针对其中的不足完成评价回复内容的优化。

项目四

客户关系维护

4

学习目标

知识目标

- 理解客户数据的类型
- 熟悉客户数据收集的渠道
- 理解客户画像的概念
- 掌握客户画像构建步骤
- 熟悉客户分类的依据
- 掌握客户分类的方法

技能目标

- 能够根据客户沟通记录，结合不同收集渠道的特点，完成客户数据收集
- 能够根据收集的客户数据，结合客户画像分析的目的，构建客户画像
- 能够根据店铺分类要求，结合客户特点，制定客户分类规则，完成客户分类

素养目标

- 培养诚实守信、公平公正的品质，强化规则意识和奉献意识
- 树立"以客户为中心"的服务理念，真正做到"以人为本、以客户为先"
- 增强数字安全法治意识和素养，自觉维护数据安全信息

学习导图

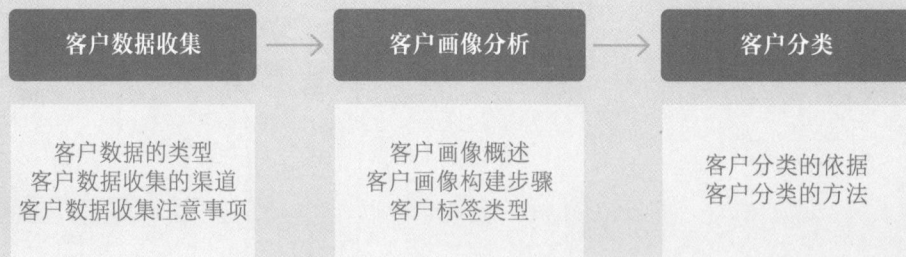

客户数据收集 → 客户画像分析 → 客户分类

客户数据的类型
客户数据收集的渠道
客户数据收集注意事项

客户画像概述
客户画像构建步骤
客户标签类型

客户分类的依据
客户分类的方法

案例导入

运用客户画像，驱动品牌营销

国内知名护肤品牌A在成立之初便创建了数据部门，建立了自己的数据库，通过分析数据背后的规律了解客户特征，如客户的经济水平、客户感兴趣的内容等，基于客户需求研发商品。除了自建数据部门，该品牌还使用第三方数据分析工具来构建客户画像。例如，通过使用第三方数据分析工具，发现客户群体中有94.22%为女性，关注的焦点为彩妆、护肤。购买的商品价格集中在100~300元。通过分析这些数据，发现购买护肤品的客户追求的并不只是商品价格的优惠，更加注重商品的安全性和性价比。

在客户关系维护过程中，通过多种线上渠道沉淀私域流量，面向18~30岁的敏感肌人群投放了朋友圈广告。在广告中，通过各种优惠活动吸引客户到小程序中下单。此外，在商品包裹中附上信息卡，引导客户关注品牌公众号和店铺。完成私域客户流量沉淀后，对客户进行分层营销。例如，通过信息卡沉淀的客户更喜欢品牌促销活动，因此会重点向这类客户发送促销类信息；没有购买记录的客户更喜欢"种草"类内容，向这类客户推送"种草"类内容，引导客户在小程序中完成商品购买行为。

该品牌还与某电商平台开展合作共创计划，运用数据洞察客户需求，针对不同的客户群体提炼不同的创意，在该电商平台内实现多点触达，覆盖了客户从产生兴趣到最终购买的全路径。在品牌运营中，为不同兴趣、消费习惯的客户提供不同的商品信息获取渠道，向客户展示符合其需求的商品，很好地满足了客户个性化的需求，实现了差异化营销，迅速地扩大了品牌知名度，提升了品牌销量。

任务一 客户数据收集

任务描述

　　客户数据是企业了解客户以及满足客户需求的重要资产。客户数据具有多种表现形式且分散在各种渠道中，所以客户数据的收集对于企业来说至关重要。收集到的客户有效数据越多，越有助于对客户画像进行准确的分析，进而帮助企业精准地定位和满足其客户群体。相反，收集到的客户数据不精准，则会误导企业做出错误的定位，不能满足真正的客户群体，会给企业带来损失。

　　本任务的主要工作内容：

　　1. 客户数据收集。

　　2. 客户数据录入。

任务准备

一、客户数据的类型

　　客户数据的类型多种多样，企业需要根据自身的实际情况和需求进行合理的分类和管理。

（一）客户基本数据

　　客户基本数据主要是指客户的基本身份信息，如姓名、性别、年龄、联系方式、职业、地址等。这些基本信息对企业来说非常重要，是建立起企业与客户之间联系和进行个性化营销的基础。对于企业来说，客户基本数据的作用主要体现在以下几个方面：

1. 定位目标客户

　　通过客户基本数据，企业可以了解客户的基本特征和背景，进而根据客户的属性和需求，制定相应的营销策略，以吸引和保留目标客户。

2. 建立客户档案

　　企业可以通过收集和整理客户的基本数据，建立完善的客户档案，了解客户的历史记录、生命周期和价值等信息，有助于客户关系的管理和维护。

3. 提高客户服务质量

　　客户基本数据可以帮助企业了解客户的特点，从而为客户提供更符合其需求的商品和服务，提高客户满意度和忠诚度。

（二）客户交互数据

客户交互数据是指客户与企业之间发生的沟通和互动的记录。这些数据可以包括多种形式，如客户与客服人员的聊天记录、电话通话记录、邮件往来记录等。客户交互数据对于了解客户需求、提供个性化服务和优化客户支持体系都非常重要。通过有效地收集、分析和利用客户交互数据，企业可以更好地与客户互动，并建立紧密的客户关系。

1. 提供个性化服务

通过分析客户交互数据，企业可以了解客户的需求、问题和投诉反馈情况，为客户提供更加个性化和定制化的服务。例如，当客户向客服人员提出问题时，交互数据可以提供关于客户问题的详细信息，以便客服人员能够精准地回答问题和解决疑问。

2. 客户情感分析

通过分析客户在交互过程中的语气、情绪和态度，企业可以了解客户的满意度和情感倾向，及时调整服务策略，改善客户体验。例如，通过客户与客服人员聊天的语气和用词，可以判断客户对商品或服务的态度和满意度。

3. 追踪客户历史记录

客户交互数据可以记录客户与企业的历史互动，帮助企业了解客户的互动行为和偏好，从而更好地为客户提供持续的支持和服务。例如，通过客户的电子邮件往来记录，企业可以了解客户之前的问题和需求，在今后的互动中更好地满足客户的期望。

4. 改进客户支持体系

客户交互数据可以用于评估和改进客户支持体系的效率和质量。通过分析客户与客服人员之间的通话时间、处理问题的速度和解决率等指标，企业可以发现潜在问题并进行优化，提升客户服务水平。

（三）客户行为数据

客户行为数据是指记录客户在购买商品或服务、访问网站、使用应用程序等方面的行为记录，包括客户的点击行为、浏览历史、购买记录、使用频率等。在当前的商业环境中，客户行为数据对于企业提供个性化服务和优化营销策略非常重要。通过有效的收集和分析客户行为数据，企业可以更好地了解客户的需求和行为，建立紧密的客户关系并增加销售业绩。

1. 了解客户行为

通过记录和分析客户的行为数据，企业可以了解客户的偏好和需求。例如，客户经常点击哪些页面、购买哪些商品和服务、如何使用应用程序等，从而更好地为客户提供个性化的服务。

2. 预测客户需求变化

通过分析客户行为数据，企业可以了解客户的购买习惯，预测客户的未来购买意向，以便提前制定相应的营销计划和服务策略。

3. 提高客户满意度

通过跟踪了解客户行为和反馈数据，企业可以了解客户对商品和服务的满意度，及时改进服务质量，以提高客户满意度。

4. 调整商品和营销策略

通过分析客户行为数据，企业可以更好地了解客户的需求和偏好，随时调整商品和营销策略，提高销售量和客户留存率。

5. 优化营销成本效益

通过分析客户行为数据，企业可以更好地了解客户的购买决策过程、购买渠道和购买数量，从而更有效地投资于客户群体和营销渠道，优化营销成本效益。

行业洞察

客户行为数据的应用价值

客服数字化转型的第一步是收集和整合客户数据。企业可以利用多种渠道，如在线聊天、社交媒体、电话记录等，收集客户的反馈、需求和行为数据。

例如，一家女装网店通过客户的购买记录、浏览行为和客户评价等数据，建立了客户档案，包括个人喜好、购物偏好和投诉历史。客服人员可以根据这些数据对客户有更全面的了解，从而提供个性化的服务。

通过对收集到的数据进行分析，商家可以洞察有关客户行为趋势，进而优化客户服务策略。数据分析可以采用统计分析、机器学习和数据抽象等技术，从海量数据中发现潜在的关联和规律。

例如，一家家具网店通过分析客户的安装问题、运输问题和投诉反馈，发现一些经常发生的问题和痛点，如包裹丢失和安装难度大等。基于这些发现，该网店采取了相应的措施，如选择更靠谱的物流公司、提供安装视频等，以提升客户体验。

通过数字化打造的客户服务体系，可以帮助企业实现客户体验和现代商业价值的最大化，有效提升客户服务的质量和效率，满足客户日益增长的需求。

（四）客户关联数据

客户关联数据是指客户与企业之间的相关性和连接程度。这些数据包括客户与企业之间的交互行为、互动历史、群体信息等。通过收集和分析客户关联数据，对于企业了解客户关系、发现潜在客户和开展客户群体营销非常重要。

客户关联度的
衡量指标

1. 建立客户关系网络

通过收集、分析客户之间的关系数据，企业可以建立客户关系网络，包括客户的亲友圈、同事关系等。这个网络可以帮助企业找到潜在客户，并通过已有客户介绍建立更紧密的关系。

2. 更好地了解客户

通过客户关联数据，企业可以了解客户的互动历史和需要关注的事项。例如，客户最近的交互消息出现投诉反馈情况，则可以对其提供特别的关注。

3. 个性化服务和营销

通过整合客户关联数据，企业能够提供具有个性化的服务和营销。例如，针对已有客户的特定亲友圈，可以开展特定的营销活动，提高客户留存率，扩大客户群体。

4. 分析客户关联度

企业可以通过分析客户关联度，确定客户群体的联系密度，以及客户群体中的关键人群，以便更好地开展有针对性的营销活动。

5. 管理客户关系

通过分析客户关联数据，企业可以更好地管理客户之间的关系。可以通过对网络中的节点进行连通性度量和关系质量度量，形成有针对性的客户关系管理和维护策略。

（五）客户反馈数据

客户反馈数据是指客户对企业商品、服务或体验提出的意见、建议和评价等数据。这些反馈数据可以通过多种渠道获得，如在线调查、客户满意度调查、社交媒体评论等。客户反馈数据对于企业了解客户需求、改进商品和服务、提高客户满意度非常关键。通过有效地收集、分析和利用客户反馈数据，企业可以不断优化客户体验，提高客户忠诚度，并保持在市场中的竞争优势。

1. 了解客户满意度

客户反馈数据可以帮助企业了解客户对商品、服务或者购买体验的满意度。通过收集和分析客户反馈数据，企业可以了解客户的意见和评价，从而进行改进，提高商品和服务质量，增强客户满意度。

2. 发现问题和解决疑虑

客户反馈数据可以帮助企业快速发现商品或服务的问题和客户疑虑。例如，通过客户的投诉和反馈，可以判断商品是否存在质量问题，以便及时采取措施解决问题，提高客户满意度。

3. 改进商品和服务

客户反馈数据是企业改进商品和服务的重要依据。通过分析客户的反馈意见和建议，企业可以了解客户需求，优化商品功能和设计，提供满足客户需求的商品和服务。

4. 寻找口碑推广机会

客户反馈数据可以帮助企业找到满意度高的客户，进而进行口碑推广和客户口碑营销。例如，通过收集正面的客户反馈，可以引导这些客户分享其体验，为企业获得更多的潜在客户。

5. 增加客户参与度

客户反馈数据可以促进客户与企业的互动。通过回应和采纳客户反馈，可以展示对客户意见的重视，增加客户参与品牌和商品事宜的程度，建立更紧密的客户关系。

二、客户数据收集的渠道

客户数据收集渠道主要包括直接渠道和间接渠道，每一种渠道又包括多种数据收集方式。

（一）直接渠道

1. 市场调查

利用市场调查来实现对客户开发和客户导向的发掘工作，如发放在线调查问卷、发放宣传单等，然后对客户数据进行详尽的记录，通过被调查人的倾向性，发现潜在客户的分布规律，为企业开发新商品、开拓市场提供依据。

2. 促销活动

通过开展各种促销活动，在活动过程中通过邀请客户填写客户登记表、客户联系卡或会员卡等形式来获取客户数据。

3. 会话工具

与客户沟通过程本身就是全面的客户数据收集过程，不仅信息容量大，而且准确性较高。因为在沟通过程中可以与客户建立互动，客户通常会反馈对商品的看法和期望、对服务的质量评价、对竞争对手的认识，甚至包括周边客户群体的意愿。

直通职场	**客服系统数据收集和分析功能** 在这个以数据为王的时代，客服系统的数据收集和分析功能已经成为企业竞争优势的重要组成部分。它不仅可以帮助企业了解客户，还可以帮助企业改进服务，提高效率。客服系统可以通过多种渠道收集大量的数据，包括客户的基本信息、交互记录、反馈、购物历史、浏览行为等。这些数据可以来自电话、邮件、网页聊天、社交媒体、移动应用等多种渠道。通过集成这些渠道，客服系统可以获取全面的客

户视图，了解每个客户的全方位信息。

　　除此之外，客服系统还可以使用各种数据分析工具和技术，如数据挖掘、机器学习、人工智能等。这些工具和技术可以帮助企业发现数据中的模式、关联和趋势，从而洞察有价值的信息。例如，通过分析客户的购物历史和浏览行为，企业可以了解客户的喜好和需求，从而提供个性化的服务和商品。

4. 数据分析工具

可以通过购物平台提供的数据分析工具获取网店内的各种数据信息，如网店的访客数、转化率、收藏数、浏览量等。同时，还可以查看到客户的购买历史、收藏记录、浏览记录等，从而更好地了解客户需求。

5. 客户投诉

对客户提交投诉申请或者表达不满时所反馈的信息等进行分析整理，并建立客户投诉档案资料，从而为开发新商品和改进商品增值服务提供支持。

（二）间接渠道

1. 网络搜索

在互联网时代，网络是人们收集信息的渠道之一。企业可以借助搜索引擎、网络黄页、行业网站等网络平台来收集客户的相关数据。这种渠道的优点是覆盖面广、包含的信息量大。但企业在使用由该渠道搜集的信息之前需要对信息进行筛选，确保信息的准确性。

2. 老客户

老客户是企业极具价值的资源，通常已经与企业形成了良好的信任关系，而且老客户更加了解客户自身的需求和其他客户的信息。因此，商家可以通过与老客户沟通来收集其他客户的信息。由这种渠道收集而来的信息，其优点是比较具体且具有较强的针对性，其缺点是容易掺杂老客户自身的主观情感。

3. 展会

各地区或各行业会不定期地举办展会，这些展会通常会吸引很多人参加，客户群集中且针对性较强，因此各种展销会、博览会、洽谈会都是迅速收集客户数据的渠道。

4. 专业机构

有些专业的咨询公司会向外界提供专业的分析报告，企业可以与这些专业机构保持联系，以获得有效的客户信息。

三、客户数据收集注意事项

客户数据收集是企业进行市场调研、商品优化和营销策略制定的重要环节。在收集客户数据时，需要注意明确数据收集的目的和范围、确保数据质量和准确性以及保护客户隐私和权益等方面，以确保数据的合法性和有效性。

（一）明确数据收集的目的和范围

在收集客户数据之前，首先要明确数据收集的目的和范围，以确保数据收集的针对性和有效性。例如，企业想要了解客户的购买偏好和行为特点，那么需要收集客户的购买记录、浏览记录等数据。

（二）确保数据质量和准确性

客户数据的质量和准确性对于企业决策和商品、服务优化至关重要。因此，在收集客户数据时需要确保数据的准确性和完整性，并及时进行数据清洗和整理。

（三）保护客户隐私和权益

客户数据的收集需要遵守相关法律法规和伦理规范，保护客户的隐私和权益。例如，企业需要遵守《中华人民共和国个人信息保护法》等相关法律法规，确保客户数据的安全性和保密性。同时，企业需要尊重客户的知情权和选择权，不进行强制或诱导性的数据收集。

博文约礼	法律法规对数据权益的规定　　　　　　　　　　　　　　　　－ □ X
	在具体的商业场景中，由于数据采集者、处理者、运营者、交易者等多个主体混杂在各交易流程中，背后隐藏着多种商业诉求，很容易发生争议。《中华人民共和国民法典》《中华人民共和国个人信息保护法》《中华人民共和国数据安全法》都对数据权益做出了相关规定。
	《中华人民共和国民法典》规定：自然人的个人信息受法律保护。自然人可以依法向信息处理者查阅或者复制其个人信息；发现信息有错误的，有权提出异议并请求及时采取更正等必要措施。自然人发现信息处理者违反法律、行政法规的规定或者双方的约定处理其个人信息的，有权请求信息处理者及时删除。
	《中华人民共和国个人信息保护法》规定：自然人的个人信息受法律保护，任何组织、个人不得侵害自然人的个人信息权益。
	《中华人民共和国数据安全法》规定：国家保护个人、组织与数据有关的权益，鼓励数据依法合理有效利用，保障数据依法有序自由流动，促进以数据为关键要素的数字经济发展。

任务背景：

尚宜旗舰店通过长期的多渠道运营已经积累了不少客户，为了更好地了解客户需求、提供个性化的推荐、增加客户黏性，客服人员小琳准备对近一周服务过的客户进行数据收集，即主要通过会话工具分析客户的沟通记录及客户资料，整理有效的客户信息（相关资料见Abook资源）。

任务要求：

1. 根据客户的沟通记录，结合客户资料和历史消费行为，收集客户基础数据、行为数据和反馈数据。

2. 根据收集到的客户数据，按照客户关系管理系统数据录入要求进行数据整理和录入。

任务分析：

客户数据的收集是客户信息管理的出发点和落脚点。客服人员在与客户沟通时，要对客户进行有意识的观察，包括客户咨询商品的侧重点、购买的时间、次数等，并对这些信息进行收集，找出客户的购买喜好、消费额等带有规律性的情况。客服人员可以主动了解客户的有关情况，如姓名、地址、喜好、家庭成员等，询问客户最近有什么需求、对购买的商品有什么意见等。在询问的时候，要表现出自己对客户的热情与关怀。主动询问一定要注意对象，态度要真诚，不能引起客户的警惕甚至反感。在实际业务活动中，要留心观察，通过各种合适的途径掌握客户的有关信息，只有掌握了客户的信息才能对客户进行有效而准确的分类，提供有针对性的服务。

任务操作：

任务操作1：根据客户沟通记录，结合客户资料和历史消费行为，完成客户的基础数据收集，填写表4-1-1。

表4-1-1 客户基础数据

客户ID	性别	年龄	职业	联系方式	所在地区	人群类型	是否为会员	
							□是	□否
							□是	□否
							□是	□否
							□是	□否
							□是	□否

任务操作2：根据客户沟通记录，结合客户资料和历史消费行为，收集客户行为数据，填写表4-1-2。

表4-1-2　客户行为数据

客户ID	咨询商品	购买商品	支付金额	退货原因	流失原因

　　任务操作3：根据客户沟通记录，结合客户资料和历史消费行为，收集客户反馈数据，填写表4-1-3。

表4-1-3　客户反馈数据

客户ID	商品反馈	物流反馈	服务反馈

　　任务操作4：根据收集到的客户数据，按照客户关系管理系统数据录入要求进行数据整理，并将相关数据录入客户关系管理系统。

任务评价

评价任务	评价标准	评价结果			
		优	良	中	差
客户数据收集	客户基础数据收集的全面性和准确性				
	客户行为数据收集的全面性和准确性				
	客户反馈数据收集的全面性和准确性				

任务拓展

　　随着社交媒体的蓬勃发展，越来越多的电商企业开始利用社交媒体平台进行营销推广，商家需要在社交媒体平台上建立存在感。爱依旗舰店为了在市场竞争中占据有利地位，将自身品牌形象进行塑造和提升，以通过良好的品牌形象吸引更多的消费群体，开始借助各类社交媒体平台积极与客户进行互动，取得了良好的反响。爱依旗舰店为了保护客户资源，能够更好地沉淀客户，决定收集近期通过社交媒体开发的新客户数据，为下一步营销策略的制定奠定基础（详细资料见Abook资源）。

企业在成立之初就会对自己有一个比较清晰的定位，随着时间和市场的不断发展，企业的市场定位会有一定的变化，企业的客户群体也会产生变化。在这个过程中，企业需要不断分析自己的客户画像，从而让自己的客户可以源源不断流入，这样才不至于被市场淘汰。

本任务的主要工作内容：

1. 构建客户画像分析标签。

2. 制作客户画像可视化图表。

3. 撰写客户画像分析结论。

一、客户画像概述

客户画像是指通过对客户的基本信息、行为数据和偏好等进行分析和整理，以建立客户的综合形象和特征描述。它是对客户进行分类和划分的工具，用于更好地理解客户、洞察客户需求和行为，从而制定相应的营销和服务策略。客户画像是企业进行客户分析的核心工具，可以帮助企业洞察客户需求，更好地了解客户和理解客户，从而构建竞争优势。某服装网店客户画像如图4-2-1所示。

客户画像通常由以下五大要素构成：

（1）基本信息：包括年龄、性别、地理位置、职业等基本特征。

（2）购买行为：包括购买频率、购买金额、购买渠道等，以了解客户的消费习惯和行为模式。

（3）兴趣爱好：客户的兴趣、爱好和偏好，如喜欢的商品类别、喜欢的娱乐活动等。

（4）行为轨迹：通过分析客户的浏览记录、点击行为、搜索关键词等，了解客户在购买决策过程中的行为轨迹和偏好。

（5）忠诚度和价值：分析客户的忠诚度和价值，包括客户的重复购买率、客户服务反馈等指标。

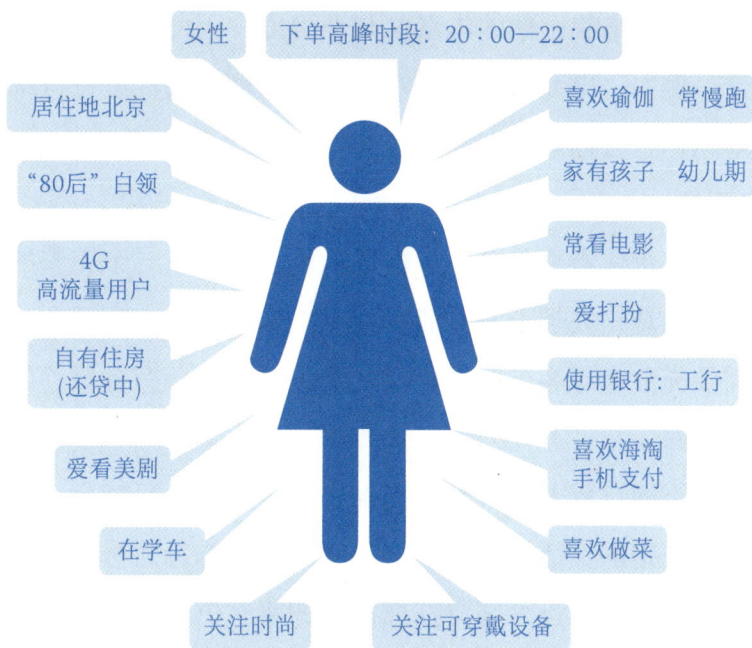

女性　下单高峰时段：20：00—22：00

居住地北京

喜欢瑜伽　常慢跑

"80后"白领

家有孩子　幼儿期

4G
高流量用户

常看电影

爱打扮

自有住房
(还贷中)

使用银行：工行

爱看美剧

喜欢海淘
手机支付

在学车

喜欢做菜

关注时尚　关注可穿戴设备

▲图4-2-1　某服装网店客户画像

客户画像与用
户画像的区别

二、客户画像构建步骤

企业可以从客户的基本资料、交易情况、售后反馈等方面采集客户画像相关素材，通过特定的流程和配套的方法对客户进行画像。简单来说，客户画像的构建过程可分为以下五个步骤：

（一）数据采集

客户画像所需的数据可划分为静态数据和动态数据两类。

（1）静态数据通常涉及客户的人口属性、空间属性、社交属性、消费属性和金融属性等方面，这些数据可以通过定性的开放式问题来获取，也可以通过定量的问卷调研来获取，主要目的在于了解客户的真实需求，进而描述客户特征。

（2）动态数据主要是客户不断变化的行为特征数据（如场景、媒介、路径等），这些数据通常都会被相应的互联网商品或平台记录下来，获取难度相对较低。

（二）剖析客户数据

在获得客户数据后，企业需要对数据进行分类、整理、汇总、统计和分析，以便形成更加客观全面的客户画像。针对不同类型的客户数据，可以采用不同的分析方法和工具。

（三）客户数据标签化

客户画像的目的之一就是通过对客户数据的分析为每个客户打上相应的标签，并为标签赋予不同的权重，所以需要将客户数据映射到构建的标签体系中，并将客户的多种特征组合到一起。

标签的选择会直接影响最终画像的丰富度与准确度，因此数据标签化时需要与商品自身的功能与特点相结合。例如，电商类平台需对价格敏感度相关标签进行细化，短视频平台则需要尽可能多视角地用标签去描述短视频内容的特征。

（四）建立客户画像

在确定客户特征后，企业需要将这些特征进行整合，形成一个完整的客户画像。客户画像应该包括客户的基本信息、兴趣爱好、消费特点、购买决策、生活方式等方面的内容。同时，建立客户画像需要充分考虑客户的细分，以便更好地进行有针对性的营销和服务。

（五）维护客户画像

客户画像是一个动态的过程，随着时间的推移，客户行为可能会发生变化，所以相应的模型和工具也需要具备一定的灵活性，能够根据客户的动态行为修正与调整相应的画像。

总之，构建客户画像的核心是为客户打标签，即将客户的每个具体信息抽象成标签，利用这些标签将客户形象具体化，从而为客户提供有针对性的服务。客户画像也可以通过可视化工具进行展示，如柱状图、饼图、雷达图等，使客户画像更加直观、易于理解。

三、客户标签类型

客户标签可以划分为基础标签和业务标签两类。

（一）基础标签

基础标签用于描述客户特征和行为的客观存在或客户本身就具有的显性属性，如年龄、性别、学历、居住地等。基础标签的获取相对比较简单，不需要任何分析和推断。但需要注意识别获得标签的准确性，如居住地为北京的客户，订单地址中有90%以上为南京，这时就要考虑此标签的准确性。

（二）业务标签

业务标签关注的是客户与业务活动之间的关系，会频繁变动且依赖于客户行为数据。它主要包括消费行为标签、营销互动行为标签、社交媒体行为标签。

1. 消费行为标签

描述客户的购买行为，如购买频率、最近一次购买时间、购买类目、平均交易金额、客户生命周期价值等。

2. 营销互动行为标签

基于客户与营销活动的互动行为，如点击商品广告的次数、参与促销活动的情况等。

3. 社交媒体行为标签

基于客户在社交媒体上的行为，如常用的社交媒体平台、内容分享与互动的频率等。

通过这些业务标签，能够洞察客户的具体需求和行为模式，制定个性化的营销和服务策略，增强客户的满意度和忠诚度。

任务实施

任务背景：

尚宜旗舰店在前期经营中专注于积累大量的客户数量，但忽略了对客户关系的维护，无法准确把握客户的需求和喜好，导致客户流失率一直居高不下。为了改进服务并提高营销效果，决定利用收集到的客户数据进行客户画像分析（相关资料见Abook资源）。

任务要求：

1. 根据收集的客户数据，分析客户基本属性、消费行为和偏好，构建客户画像。

2. 根据构建的客户画像，完成客户基本信息、购买行为、兴趣爱好、行为轨迹、忠诚度和价值等方面的分析，并提出个性化营销建议。

任务分析：

企业根据收集的客户数据，包括基本信息、消费行为数据、偏好数据等，进行深入的数据分析和挖掘，进而构建客户画像。网店可以对收集的数据进行深入分析，发现客户的购物习惯和偏好，如网店可以通过分析客户的购买偏好，确定他们的购买动机。基于数据分析结果，可以构建客户画像。客户画像可能包括以下部分：性别、年龄、购买力、兴趣、地理位置等。为了能够真正地将客户画像应用到网店运营中，还需要根据客户画像分析结果制定相应的营销策略、服务策略等。

任务操作：

任务操作1：根据网店收集到的客户数据，结合客户画像分析的目的，构建客户画像分析标签，填写表4-2-1。

表4-2-1 客户画像分析标签

序号	一级标签	二级标签
1		
2		
3		

任务操作2：根据网店收集到的客户数据，结合构建的客户画像分析标签，制作客户画像可视化图表，填写表4-2-2。

表4-2-2　客户画像可视化图表

客户画像分析标签	客户数据	可视化图表

任务操作3：根据构建的客户画像，完成客户基本信息、购买行为、兴趣爱好、行为轨迹、忠诚度和价值等方面的分析，并提出个性化营销建议，填写表4-2-3。

表4-2-3　客户画像分析结论

分析项目	分析结论	个性化营销建议
客户基本信息		
购买行为		
兴趣爱好		
行为轨迹		
忠诚度和价值		

任务评价

评价任务	评价标准	评价结果			
		优	良	中	差
客户画像分析	客户画像标签构建的合理性				
	客户画像构建的全面性和准确性				
	客户画像分析的全面性和准确性				
	个性化营销建议的合理性				

任务拓展

爱依旗舰店在半年内开展了两次大型促销活动，但是活动效果都不尽如人意。通过调研发现，这两次营销活动没有满足客户的需求和偏好，所以对目标客户没有吸引力。为了更加准确地把握目标客户的需求和偏好，从而有针对性地制定营销策略，让客户更容易接受和感受到商品和服务的价值，旗舰店决定对已有客户群体进行画像分析（详细资料见Abook资源）。

任务三 客户分类

任务描述

不同的客户有不同的需求。不同的客户，其价值也不相同。企业如果将所有客户放在一起统一管理，会让整个商业化流程变得杂乱无章。此时，可以通过客户分类进行管理方式上的优化。通过分析客户的属性、行为和需求等，寻求客户之间的个性与共性特征，对客户进行划分与归类，从而形成不同的客户集合，以便更好地抓住客户诉求，对客户进行精准的营销。

本任务的主要工作内容：

1. 制定客户分类规则。
2. 完成客户分类。

任务准备

一、客户分类的依据

（一）地理位置

地理位置是进行客户分类常用的依据之一，可以帮助企业更好地理解不同地区客户的需求偏好和行为，制定有针对性的营销策略。常用的客户地理位置分类依据及描述如表4-3-1所示。

表4-3-1 常用的客户地理位置分类依据及描述

地理位置分类依据	具体描述
城市	将客户按照所在的城市进行分类。这种分类依据可用于针对城市区域的营销策略，考虑不同城市的消费文化和市场竞争状况
地理特征	基于客户所在地区的地质、气候、生态系统等特征进行分类。这种分类依据适用于基于地理条件的需求分析，如沿海地区、山区的消费特征
区域发展水平	基于区域发展水平对客户进行分类，如一线城市、二线城市、沿海地区或内陆地区等。这种分类依据可以帮助企业确定市场机会和市场份额配置

（二）人口属性

人口统计属性是区分客户群体最常用的分类依据。常用的人口属性分类依据及描述如表4-3-2所示。

表4-3-2　常用的人口属性分类依据及描述

人口属性分类依据	具体描述
性别	将客户按照性别进行分类。例如，男性和女性。性别在消费行为和购买决策中起到重要的作用，因此分析性别差异可以帮助企业针对不同性别的客户制定合适的商品和品牌传播策略
职业	将客户按照职业类型进行分类，如医生、教师、工程师、销售员等。不同职业背景的客户对特定商品或服务有不同的需求和购买偏好，因此在市场定位和制定商品定价策略上应考虑这些差异
年龄	将客户按照年龄范围进行分类。不同年龄段的客户，其消费水平不同，购物需求、风格也不同。通过对客户的年龄段进行划分，商家可以了解不同年龄段客户的消费行为和习惯，为商品的调整和开发提供数据支持
受教育程度	将客户按照受教育程度进行分类，如中专、普通高中、专科、本科、硕士、博士等。受教育程度会影响客户的消费决策能力、品牌偏好和购买意愿，因此在市场定位和制定传播策略中应予以考虑
家庭状况	将客户按照家庭状况进行分类。家庭状况会影响客户的购买决策和需求。例如，有子女的家庭对教育商品或儿童商品的需求会更高

（三）消费行为属性

消费行为属性是指反映客户与网店之间交易活动的属性。这类属性是动态的，能够实时地反映客户的行为偏好与价值变化，有助于进一步挖掘、预测客户需求。常用的消费行为属性分类依据及描述如表4-3-3所示。

表4-3-3　常用的消费行为属性分类依据及描述

消费行为属性分类依据	具体描述
RFM属性	客户最近的消费时间、累计消费次数、累计消费金额
消费时段	工作日、节假日、8:00—17:00、18:00—22:00、22:00—7:00（次日）
平台偏好	单一平台购买、多平台购买
询单偏好	询单购买、静默下单
心理特征	冲动型、经济型、对比型、主观型、知识型、目的型、随机型、引导型
购买商品	购买过商品的数量、类型、规格等
订单数	客户成功交易的订单数量
客单价	通过客单价，商家可以对客户的购买能力做出判断，同时可以了解客户的购买行为和习惯
付款次数	客户在店铺内付款的总次数
付款金额	客户在店铺内成功付款的总金额
客户备注	客户在订单中留下的备注信息，商家通过备注中特定的关键词，可以找出有特定需求的客户
退款服务	退款次数、退款比例、退款金额、退款商品
客户评价	客户对商品或服务做出的评价情况，如好评次数、中差评次数、中差评原因等

（四）电商平台属性

电商平台属性主要是指客户在电商平台上的信用等级。一位客户会有多种等级，如在网店中有店铺会员等级，在平台中有平台信用等级和平台购物等级。常用的电商平台属性分类依据及描述如表4-3-4所示

表4-3-4　常用的电商平台属性分类依据及描述

电商平台属性分类依据	具体描述
店铺会员等级	普通会员、高级会员、贵宾会员、至尊会员
平台信用等级	1~5心、1~5钻、1~5皇冠
平台购物等级	T1、T2、T3

> **行业洞察**
>
> — □ X
>
> **小家电品牌客户分类案例**
>
> 以往，电烤箱在北方零售市场的表现明显好于南方市场，且以15L容量为主。后来，企业发现南方人的生活习惯与北方人不同，大多数南方人都是用电烤箱来制作甜点或饼干之类的食物，这说明大多南方人需要的电烤箱容量为10L或以下。基于这种认识，企业将营销策略进行了调整，北方市场的烤箱功能侧重于烹调鸡翅、猪排等，南方市场则以烹调红薯、饼干、蛋糕等为主。此外，针对南方客户特别赠送蛋糕模具。调整之后，电烤箱的零售量获得了大幅增长。

二、客户分类的方法

（一）ABC客户分类法

ABC分类法是将客户分为A、B、C三类，从而对其进行区别管理的一种分类方法。其中，A类客户占比通常为10%~15%，B类客户占比通常为15%~25%，其余的为C类客户。

1. A类客户

A类客户即关键客户，这类客户是最有价值的客户群体，对企业的贡献最大，可能是高价值客户或重要合作伙伴。A类客户通常具有高购买力、忠诚度和长期合作意愿，其购买金额和购买频次在整个客户群体中处于较高水平。因此，对于企业而言，维护和发展A类客户至关重要。

2. B类客户

B类客户即普通客户，这类客户的价值次于A类客户，但仍然具有一定的重要性。B类

客户通常是中等价值客户，对企业的贡献适中，其购买金额和购买频次处于中等水平。企业可以通过定期的营销活动，提供个性化的内容和推荐，激发B类客户的兴趣并促使他们多购买商品，提升B类客户的价值。

3. C类客户

C类客户指的是小客户。C类客户占据了客户群体中大部分数量，其购买金额和购买频次相对较低。对于C类客户，企业可以采取自动化和标准化的客户服务和营销手段，以减少成本和资源的投入。例如，通过自助服务、自动回复、常规促销等方式提供一致性的服务。

（二）RFM客户分类法

RFM模型是根据客户活跃程度和交易金额来衡量客户价值和客户潜在价值的重要工具和手段。RFM分别由Rencency（最近一次消费）、Frequency（消费频率）、Monetary（消费金额）三个指标组成。

（1）R指客户最近一次交易与现在的时间间隔。R值越低，客户价值越高，对网店的回购刺激最有可能产生回应。

（2）F指客户在最近一段时间内购买的次数，是客户对网店忠诚度的体现。F值越高，客户的价值越高，客户对网店的黏性越高。

（3）M指客户在最近一段时间内购买的金额，是区分客户对网店的价值贡献及消费能力的体现。M值越高，客户的价值越高。

直通职场	**单个客户RFM值计算示例** 小王是一家家居旗舰店的客户，假设今天是12月31号，小王最近一次在店里买东西是12月12号，最近一次消费距离现在过去了19天，所以小王的最近一次交易与现在的时间间隔（R）是19天。如果对"一段时间"的定义是一个自然月，那么小王在12月于店内有2次消费记录，小王的消费频率（F）是2次。小王在2次消费过程中共消费1 314元，则小王的消费金额（M）为1 314元。

RFM模型是将客户行为形成的基础数据，按照商家自己定的数据规则计算出R、F、M三者的数值，然后将R、F、M三者进行排列组合，得出8类客户，分别是重要价值客户、重要发展客户、重要维持客户、重要挽留客户、一般价值客户、一般发展客户、一般维持客户、一般挽留客户。RFM客户细分规则及营销策略如表4-3-5所示。

RFM客户
分类法的应用

表4-3-5　RFM客户细分规则及营销策略

客户分类	R值	F值	M值	营销策略
重要价值客户	高	高	高	保持现状
重要发展客户	高	低	高	提高频次
重要维持客户	低	高	高	客户回流
重要挽留客户	低	低	高	重点召回
一般价值客户	高	高	低	刺激消费
一般发展客户	高	低	低	挖掘需求
一般维持客户	低	高	低	流失召回
一般挽留客户	低	低	低	可放弃

行业洞察

— □ ✕

客户分类注意事项

1. 客户分类的准确性和实用性

客户分类应尽可能准确地反映客户的特点和需求，同时具有实用性，能够为企业提供实际的管理和服务指导。

2. 客户分类的连续性和动态性

客户分类管理不是一次性的工作，而是一个连续性的过程，需要不断地进行客户数据的更新和分析。同时，客户分类管理也具有动态性，需要随着市场需求和客户行为的变化而调整分类方式和管理策略。

3. 客户分类的数据安全性和隐私保护

客户分类管理涉及大量的客户数据，企业应采取必要的措施，确保客户数据的安全性和隐私保护。

客户分类管理是企业客户管理的基础，只有通过客户分类管理，企业才能更好地了解客户需求和行为，提高客户满意度和忠诚度，提高企业市场竞争力和经济效益，实现可持续发展。因此，企业应高度重视客户分类管理，建立完善的客户管理体系，不断提升客户管理水平和服务质量，为企业的发展注入新的动力和活力。

任务实施

任务背景：

尚宜旗舰店即将迎来店庆，为了在有限的预算下实现最佳的营销效果，网店决定根据现有的客户数据，结合店庆活动营销方案，使用ABC客户分类法和RFM客户分类法完成所有客户的分类（相关资料见Abook资源）。

任务要求：

1. 根据客户分类要求，结合店铺客户数据，使用ABC客户分类法完成客户分类。

2. 根据客户分类要求，结合店铺客户数据，使用RFM客户分类法完成客户分类。

任务分析：

在制定客户分类规则前，首先需要对收集的客户数据进行深入分析，分析客户之间的差异和相似之处，了解不同客户类型的特点。然后通过数据分析，确定哪些因素对客户的分类影响最大，以此作为分类的依据。同时，客户的分类要具有实用性，有助于差异化营销策略的制定。如果分类过于复杂或者难以理解，那么对于提升业务水平是没有帮助的。

任务操作：

任务操作1：根据客户分类要求，结合网店客户数据，使用ABC客户分类法完成客户分类，填写表4-3-6。

表4-3-6　ABC客户分类

客户分类	客户数量
A类客户	
B类客户	
C类客户	

任务操作2：根据客户分类要求，结合店铺客户数据，使用RFM客户分类法完成客户分类，填写表4-3-7。

表4-3-7　RFM客户分类

客户分类	客户数量
重要价值客户	
重要发展客户	
重要维持客户	
重要挽留客户	
一般价值客户	
一般发展客户	
一般维持客户	
一般挽留客户	

任务评价

评价任务	评价标准	评价结果			
		优	良	中	差
客户分类	ABC客户分类的准确性				
	RFM客户分类的准确性				

　　爱依旗舰店经过一段时间的运营之后，沉淀了一定数量的客户数据。为了方便针对不同客户实施不同的营销策略，运营人员准备使用ABC客户分类法对客户进行分类（详细资料见Abook资源）。

同步测评

本同步测评内容涉及1+X网店运营推广职业技能等级证书（初级）中网店客户服务工作领域的客户关系维护工作任务相关内容，如表4-4-1所示。

表4-4-1　客户关系维护工作任务对应的职业技能要求

工作领域	工作任务	职业技能要求
网店客户服务	客户关系维护	1. 能遵守个人信息收集规范，根据网店交易信息，借助网络客户信息管理工具，通过多种公开合法渠道，完成客户数据收集和整理 2. 能根据网店交易信息，结合客户画像，对忠诚客户进行社群创建、活动推送、建立会员制度等定向营销，规范群组信息传播秩序，提高客户活跃性与留存度 3. 能遵守电子商务相关法律法规及广告内容准则，根据网店交易信息，结合客户画像，利用客户营销工具，借助多维平台的沟通营销渠道，增加新客户，扩大客户规模 4. 能根据网店交易信息，结合客户画像，分析客户流失的原因，通过活动推送、新品推荐等关怀方式，挽回可能流失的客户

一、
单项选择题

1. 以下属于客户基本数据的是（　　）。

   A. 聊天记录　　　　　　　　　　B. 职业

   C. 通话记录　　　　　　　　　　D. 浏览历史

2. RFM客户分类法根据最近一次消费、消费频率和消费金额将客户分为八类。其中，最近一次交易与现在的时间间隔短、购买频率高、累计购买交易额少的客户属于（　　）。

   A. 一般维持客户　　　　　　　　B. 重要挽留客户

   C. 一般价值客户　　　　　　　　D. 一般挽留客户

3. 以下属于直接客户数据收集渠道的是（　　）。

   A. 市场调查　　　　　　　　　　B. 网络搜索

   C. 展会　　　　　　　　　　　　D. 老客户

4. 以下能反映出客户"行为轨迹"的数据是（　　）。

   A. 爱好和偏好　　　　　　　　　B. 购买金额

   C. 点击行为　　　　　　　　　　D. 地理位置

5. 以下属于客户业务标签的是（　　　　）。

A. 职业标签　　　　　　　　　　　B. 消费行为标签

C. 收入水平标签　　　　　　　　　D. 兴趣爱好标签

二、

多项选择题

1. 以下属于地理位置客户分类依据的有（　　　　）。

A. 城市　　　　　　　　　　　　　B. 地理特征

C. 消费水平　　　　　　　　　　　D. 区域发展水平

2. 以下关于客户关联数据描述正确的有（　　　　）。

A. 客户关联数据是指客户与企业之间的相关性和连接程度

B. 分析客户关联数据有助于企业更好地了解客户

C. 分析客户关联数据有助于企业建立客户关系网络

D. 分析客户关联数据对于潜在客户的挖掘没有意义

3. ABC客户分类法可以将客户划分为（　　　　）。

A. 关键客户　　　　　　　　　　　B. 一般客户

C. 普通客户　　　　　　　　　　　D. 小客户

4. 关于RFM客户分类法的说法中正确的有（　　　　）。

A. R值越高，客户价值越高，对店铺的回购刺激最有可能产生回应

B. R、F、M是衡量客户价值的三个指标，通过这三个指标可以划分出具有不同消费特征的客户群体，实现对店铺客户的细分

C. F值越高，客户的价值越高，客户对店铺的黏性越高

D. M值越高，客户的价值越高

5. 客户画像数据是指与客户购买行为相关的，能够反映或影响客户行为的相关信息数据，通常包括（　　　　）等。

A. 客户性别、年龄、地址　　　　　B. 品牌偏好

C. 购物时间偏好　　　　　　　　　D. 商品评价偏好

三、

判断题

1. 通过对客户数据进行分析，企业能够了解客户的特征、行为变化规律等情况。

（　　　）

2. 拥有不同标签的客户特征不同，企业可以采用不同的营销方式进行精准营销。

（　　　）

3. 电子商务经营者对收集到的客户数据可以任意使用。（　　　）

4. RFM模型包含的要素：Rencency（最近一次消费）、Frequency（消费频次）、

Monetary（消费金额）。 （ ）

5. 电子商务经营者可以根据客户的兴趣爱好、消费习惯等特征，仅向其提供相关的商品或者服务的搜索结果。 （ ）

四、
技能操作题

农产品网店运营过程中，许多客户因为产品的优秀品质而重复购买，并积极给出正面评价。但是也存在没有达到客户心理预期、商品包装破损、物流运输慢等情况，这些对客户的满意度和忠诚度造成了不良影响。为此，网店需要根据店铺的运营数据，对客户满意度和忠诚度进行分析，然后针对不同类型的客户制定差异化营销方案。

1. 分析客户满意度及忠诚度的影响因素，并提出相对应的提升方法。

2. 针对不同的客户类型及客户需求，制定差异化营销方案，提升客户满意度及忠诚度。

5

项目五

客户关系营销

学习目标

知识目标

- 理解新客户的特点
- 掌握新客户营销策略
- 熟悉老客户的类型
- 掌握老客户营销方法
- 掌握会员体系内容设计
- 理解会员营销技巧
- 熟悉会员营销方法

技能目标

- 能够根据网店新客户信息，分析新客户来源，完成新客户营销
- 能够根据网店老客户信息，进行老客户分类，完成老客户营销
- 能够根据网店会员信息，设计会员体系，完成会员营销

素养目标

- 树立正确的市场价值观和客户营销思维，倡导公平竞争、诚信经营
- 培养吃苦耐劳、精益求精的工作态度和细致高效、敬业专注的工作作风

学习导图

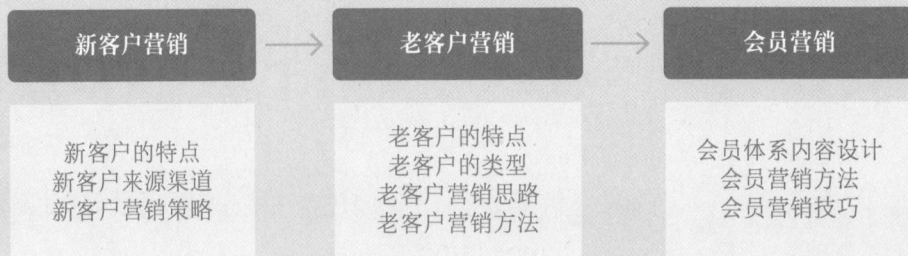

新客户营销 → 老客户营销 → 会员营销

新客户的特点	老客户的特点	会员体系内容设计
新客户来源渠道	老客户的类型	会员营销方法
新客户营销策略	老客户营销思路	会员营销技巧
	老客户营销方法	

案例导入

利用客户关系营销，深度挖掘客户价值

研究发现，企业获得一个新客户的成本是维护一个老客户的5倍，流失率降低5%，利润可增长25%以上。客户留存的重要性是所有企业都认同的，比起开发新客户，企业加强与老客户之间合作关系更加高效省力。客户关系的良好维护有利于企业把对相关商品信赖的客户整合起来，形成一个自有的消费市场。

例如，知名服装品牌为了提高客户满意度和忠诚度，首先建立了会员制度，鼓励客户注册成为会员并享受特定的会员待遇，如积分奖励、生日礼券、优惠券等。会员制度的建立提高了客户忠诚度，并可以吸引新客户的加入。其次，通过收集客户的购物记录和偏好资料，针对每个客户的偏好和购物习惯定制个性化的促销消息和优惠信息，并定期发送此类信息，增强了客户的购物意愿和客户舒适度，提高了客户满意度和忠诚度。除此之外，还利用社交媒体与客户进行互动，积极回应客户的留言和评论，提供及时的客户服务。通过社交媒体互动，该知名服装品牌更好地了解客户需求和反馈，加强了品牌形象的传播，并吸引了更多的潜在客户。

通过以上关系营销策略的实施，该知名服装品牌成功地建立了良好的客户关系，并提高了销售额、客户满意度和忠诚度，从而实现了品牌的可持续发展。

任务一　新客户营销

任务描述

新客户营销是指企业通过一系列的营销活动和策略，吸引和获得更多新的客户。新客户营销是企业发展和扩大市场份额的重要手段之一。新客户营销的目标是利用各种营销工具和技巧，将潜在客户转化为实际购买商品或服务的新客户，并建立起与他们的长期关系。

本任务的主要工作内容：

1. 分析新客户来源及营销偏好。
2. 制定新客户营销策略。
3. 编辑并发送新客户营销内容。

任务准备

一、新客户的特点

从营销角度来说，新客户可以被定义为尚未购买过商品或服务的潜在客户，对商品或服务有一定程度的兴趣，但尚未进行任何交易。营销团队需要把这些潜在客户作为重点目标，通过各种营销手段和策略来吸引、培养和转化他们。

从业务角度来说，新客户可以被定义为与企业尚未建立正式业务关系的客户。由于他们是新进入市场的客户，或者是新涉足该行业的企业。无论是个人客户还是企业客户，只要与公司尚未有过实际业务合作，都可以视为新客户。

无论从哪个角度来说，新客户都代表了潜在的商机和增长机会。关键是以客户的行为和交易历史为依据，确保对新客户进行准确的分类和定义。通常来说，新客户主要具有以下特点：

（一）对品牌和商品的了解程度较低

新客户缺乏了解品牌和商品的信息和经验，需要通过学习和研究来做出购买的决策，因此需要更多的信息和引导。

（二）消费行为不确定

新客户会有一些犹豫和担忧，如商品的质量、价格等方面，因此，购买之前需要感受到更多的信任，或者需要多花时间去完成比较和深度了解。

（三）对价格比较敏感

新客户会参考其他相似商品的价格，从而判断是否购买，在价格具有吸引力的情况下通常会进行购买。

（四）看重客户评价

对于购物不十分了解的商品，新客户更依赖于其他客户的评价，以获得更多的信任。

（五）对购物体验要求较高

新客户更注重购物体验，如对操作界面、快递时间、退货流程和售后服务等方面的要求更高。因此，企业应该关注客户的评论，及时改进并提升购物体验。

二、新客户来源渠道

（一）搜索引擎优化

搜索引擎是客户获取信息的主要途径之一，企业可以通过搜索引擎优化的方式吸引更多的新客户。搜索引擎优化是通过优化网站内容和结构，提高网站在搜索引擎中的排名，从而吸引潜在客户。通过关键词分析、内容优化、网站结构优化和建立高质量的外部链接等手段，让企业网站在搜索引擎中获得更高的可见性和更多的有效流量。例如，一家服装企业可以优化其网站内容，包括商品首页、商品详情页等，提高在搜索引擎中的排名，吸引更多的潜在客户通过搜索引擎找到网店或商品。

（二）社交媒体

社交媒体已成为吸引新客户的重要渠道。利用不同的社交媒体平台，建立一个引人注目的品牌形象，并与潜在客户进行互动。通过定期发布有趣、有价值和分享有价值的内容，吸引目标受众的注意，从而引导他们成为企业的新客户。另外，通过定向广告、社群活动和参与话题讨论等方式，可以扩大企业影响力，增加社交媒体上的关注数量。例如，一家时尚品牌企业可以在社交媒体账号上发布潮流穿搭图片，与客户互动并提供折扣优惠码，从而吸引新客户。

（三）口碑和推荐

满意的客户是最好的营销工具。通过提供出色的商品和服务，获得现有客户的好评和推荐。这种口碑和推荐可以通过口碑营销策略来扩展，促使品牌口碑得到更广泛的传播，吸引更多的新客户。口碑和推荐通常来自客户对商品或服务的直接体验，因此具有很高的可信度。由于口碑和推荐是客户自发进行的，通常会持续较长时间，而且可能会产生连锁反应。一份好的推荐可能会引发更多的推荐，形成良性循环。

新客户购物心理分析   — □ X

理解新客户的购物心理对于销售过程非常重要。新客户通常会经历几个基本的阶段：认知、兴趣、评估、购买和后期评价。不同的心理因素在这些阶段中起着重要的作用。

（1）认知：这是新客户首次接触到商品或服务的阶段。在这个阶段，新客户会对商品的知识、性能、用途、价格等进行初步的了解。信息的有效传递和品牌形象的塑造在此阶段非常重要。

（2）兴趣：如果新客户对商品或服务产生兴趣，就会进入第二阶段。在此阶段中，根据个人的需求、满足程度、价格接受度等因素对商品进行进一步的了解和关注。

（3）评估：在此阶段，新客户开始比较自己的需求和商品的特性，以及与其他可选项进行比较，根据商品性能、价格、品牌口碑、售后服务等因素做出决策。说明和展示商品如何满足客户需求，以及相对于竞品的优势，是此阶段最重要的部分。

（4）购买：在购买决策阶段，新客户已经确定了自己的选择并准备进行购买。价格、质量、品牌信任度、购买便利性等都是影响最后购买决策的关键因素。

（5）后期评价：在新客户使用商品或服务后会对购买的商品或服务有一个整体评价，评价的好坏会影响他们是否复购和向他人推荐商品。良好的使用体验和优质的售后服务会使新客户成为忠诚客户，并将他们变成品牌的推广者。

每一位新客户都是独特的，但他们在购物过程中的心理模式呈现出不同规律。理解并利用这些规律，可以帮助营销团队设计出更有效的转化和留存策略。

三、新客户营销策略

在竞争激烈的市场中，吸引新客户是每个企业都必须面对的问题。新客户的营销策略是企业成功经营的关键因素之一。

（一）明确目标客户群体

目标客户群体可以根据年龄、性别、地理位置、收入水平、兴趣爱好等因素来确定。可以通过市场调研、分析竞争对手的客户群体等方式来确定自己的目标客户群体。

（二）制订个性化的营销计划

根据目标客户群体的特点制订个性化的营销计划。例如，对在校大学生和上班族进行重点关注、区别营销。在校大学生这个群体通常充满激情，对新生事物有好奇心，所以针对在校大学生的营销计划需要具有新、奇、特的设计；而上班族这个群体更加注重成本和效率，因此针对上班族群体设计的营销计划需要直接明了地介绍具体内容。

（三）提供优惠和奖励

提供优惠和奖励是吸引新客户的有效方法。奖励可以包括生日礼品、赠品等。优惠券、促销和免费试用可以吸引新客户并建立忠诚度。

（四）提供优质的客户服务

一旦吸引了新客户，建立良好的客户关系就非常重要。及时跟进并回应客户的需求和问题，建立信任和忠诚度，为新客户提供优质的客户服务和支持，以确保他们满意并成为忠实的长期客户。例如，通过发送感谢信息、问候客户和请求反馈等方式，建立与新客户的联系，更好地了解其需求。

任务实施

任务背景：

尚宜旗舰店近期通过客户数据分析发现，近1个月店内新客户增长相较于同期明显偏少。基于这一现象，尚宜旗舰店准备针对店内新客户开展一次营销活动，提高店内的新客户转化率（相关资料见Abook资源）。

任务要求：

1. 根据客户数据，分析客户来源及营销偏好。

2. 根据营销目标，结合新客户偏好，制定新客户营销策略。

3. 根据新客户营销策略，编辑营销内容并完成新客户营销。

任务分析：

对于企业来说，不断开发新客户是维持企业销量持续增长的原动力。对于新客户的营销可以从两个方面来开展：一方面是新客户的开发，可以通过针对新客户的优惠策略促进客户的转化。另一方面是新客户的留存，企业应该有针对性地制定留存营销策略，尽快培养客户的忠诚度，将新客户转化为老客户。

任务操作：

任务操作1：根据采集到的新客户数据，分析新客户来源和营销偏好，填写表5-1-1。

表5-1-1 新客户来源和营销偏好分析

来源渠道	客户数量	营销偏好

任务操作2：根据新客户来源分析，结合各种营销方式的特点，制定新客户营销策略，填写表5-1-2。

表5-1-2 新客户营销策略

客户来源	营销方式	原因分析

任务操作3：根据新客户营销策略，结合不同渠道新客户的需求和偏好，编辑活动信息、人群规则、优惠信息等，完成营销内容的设置，填写表5-1-3。

表5-1-3 新客户营销内容设置

活动名称	活动时间	定向人群	活动商品	商品优惠

任务评价

评价任务	评价标准	评价结果			
		优	良	中	差
新客户营销	新客户来源及偏好分析的精确性和全面性				
	新客户营销策略制定的合理性和可靠性				
	新客户营销内容设置的有效性和可行性				

任务拓展

随着电子商务平台中同类型店铺的增多，店铺之间的竞争变得更加激烈，如果不积极拓展新的客户，商家将面临越来越大的压力。爱依旗舰店发现这一情况后，采取了新客户权益、推荐有礼、分享红包等一系列措施，吸引客户，提高客流量。请以客服人员小乔的身份，结合店内新客户营销活动的内容及规则，完成新客户营销（详细资料见Abook资源）。

老客户营销

　　老客户营销又称客户挽留营销、客户忠诚度营销，是指通过一系列策略和行动最大限度地保留和发展已有的客户，以便及时、有针对性地满足他们的需求并激发其忠诚度。老客户营销策略的核心在于理解和满足客户的特定需求，而不仅仅是推销商品或服务。老客户营销的重要性来自这样一个事实：获取新客户的成本通常远高于保留已有客户。此外，老客户更有可能再次购买商品，而且他们的购买力通常比新客户更强。因此，通过有效地保留和发展这些已有的客户，企业可以实现更高的营销效率和更强的竞争优势。

　　本任务的主要工作内容：

　　1. 对老客户进行分类并分析其特点。

　　2. 制定老客户营销策略。

　　3. 编辑并发送老客户营销内容。

一、老客户的特点

　　老客户也称为现有客户、重复客户，是指那些已经购买过商品或服务，并且已经形成定期购买或持续使用习惯的客户。老客户对企业的业务已经很熟悉，并且通常对商品或服务有较高满意度。老客户通常具有以下几个特点：

（一）熟悉企业商品和服务

　　老客户已经购买过商品或服务，因此对于商品特性、品质和服务有一定程度的了解和认识。

（二）具有购买历史

　　和新客户相比，老客户有相关的历史消费记录。这为企业提供了更多有关客户偏好、需求和消费模式的数据，有助于更好地进行客户画像分析和个性化营销。

（三）较高的消费满意度

　　老客户通常对商品或服务有较高的满意度，更容易成为忠诚的品牌拥护者。

（四）具有二次购买潜力

与新客户相比，老客户更有可能再次购买商品或服务。这种二次购买可能是由对商品或服务满意、对品牌信任或忠诚度较高等因素所驱动。

（五）接受度高

由于已经建立了信任关系，推出新商品或服务时，老客户的接受度可能会相对较高。他们更愿意尝试企业的新商品或服务，为企业提供稳定的销售和盈利来源。

为了充分利用老客户的这些特点，企业应该关注客户需求，提供优质的商品和服务以及个性化的客户体验，确保客户满意度和忠诚度。同时，运用数据分析来优化老客户的营销策略，提高客户价值和盈利能力。

二、老客户的类型

老客户的类型可以根据多种因素进行划分，如购买行为、忠诚度、交易频率、消费层次等。下面重点介绍几种常见的老客户类型。

（一）忠诚型客户

忠诚型客户是指对商品或服务有很高满意度，长期支持和信任企业的客户。他们倾向于重复购买，并且积极向他人推荐。这类客户与企业形成了稳定、长期的客户关系，有助于提高客户生命周期价值。为了维系这种关系，企业需要继续提供优质的商品和服务，同时通过积分、会员特权等方式提升他们的忠诚度。

直通职场	**忠诚型客户的典型特征** 1. 高度信任 忠诚型客户会对忠诚的品牌、公司有很高的信任度，相信这个品牌、公司是可靠的，可以为他们提供高质量的商品和服务。 2. 频繁购买 忠诚型客户会经常购买忠诚的品牌、公司的商品和服务，会优先选择与该品牌、公司合作，而不是去寻找其他竞争对手。

3. 容忍度高

忠诚型客户会容忍忠诚的品牌、公司的一些缺点或不足，通常不会轻易转向其他品牌或公司。

4. 推荐度高

忠诚型客户会向其他人积极推荐忠诚的品牌、公司的商品和服务，相信这个品牌或公司是值得信赖的。

5. 情感联系

忠诚型客户会与忠诚的品牌、公司建立起情感联系，会感到自己与该品牌、公司有一种紧密的联系，这种联系不仅仅是商品或服务本身，还包括对品牌、公司的情感认同。

（二）高价值型客户

这类客户的消费金额较高，每次交易的贡献度也较高。虽然购买频率可能相对较低，但每次的消费金额能为企业带来显著利润。企业应该关注这类客户的需求和喜好，通过个性化的服务和独特的购物体验，让他们觉得物有所值，从而提高他们的忠诚度。

（三）高频次型客户

这类客户的消费频率较高，单次交易金额适中或较低。这些客户长期累积的贡献可以为企业带来稳定的收入。针对这类客户，企业可以实施积分奖励计划、会员活动等策略，激励他们继续保持高频消费。

（四）活跃参与型客户

这类客户积极参与企业的活动和互动，不仅是消费者，还是品牌的支持者和传播者。企业应该维护和深化与这类客户的互动关系，倾听他们的意见和建议，让他们在品牌社区中发挥积极作用。

（五）价格敏感型客户

这类客户关注价格优势，倾向于购买折扣或特惠商品，忠诚度相对较低，容易受到市场价格波动和竞争对手的影响。对于这类客户，企业可以在关键节点推出有针对性的促销活动，运用数据分析了解这类客户的消费心理，以合理地调整商品定价和促销策略。

需要注意的是，实际中的客户类型可能会有所重叠或变化，要根据自身业务特点和市场需求灵活调整分类，并根据不同类型的老客户制定相应的营销策略和服务方案。

三、老客户营销思路

（一）维护老客户

首先，对老客户进行精细化分类。在不同的时间点送上不同的客户关怀，让老客户感觉到被重视，然后培养老客户的浏览关注习惯，多场景触达老客户，增加老客户转化的概率。除此之外，还可以通过建群的方式维系老客户，为老客户建立专门的社群进行管理，削弱客户与企业之间的距离感，使企业的形象更加立体化。在对老客户群的管理上，可以不定期给老客户发送限时优惠及福利，引导老客户加强沟通交流，及时解答客户反馈的问题。通过贴心的服务，使老客户认可和信赖商品，促进老客户的反复购买。

（二）激活老客户

对于激活老客户，可以通过站内广告投放工具让企业的商品频繁出现在客户面前，精准的展现自然会得到高效的转化。除此之外，还可以通过营销活动激活老客户，然后选择适当的让利或者在包裹中随机附赠精美小礼物，提供更好的购物体验感，起到激活并留住老客户的效果。当然，还可以对老客户进行适当的电话、短信回访，主动推荐店内爆款商品，及时加强与老客户的联系，激发老客户下单购买商品的欲望。

博文约礼	**互联网算法新规出手，规制"大数据杀熟"现象**　　　　　　　　　　－ □ ✕
	2022年3月1日，国家互联网信息办公室等四部门联合发布的《互联网信息服务算法推荐管理规定》正式施行。
	《互联网信息服务算法推荐管理规定》要求，算法推荐服务提供者应当坚持主流价值导向，积极传播正能量，建立完善的人工干预和用户自主选择机制，不得利用算法实施影响网络舆论、规避监督管理以及垄断和不正当竞争行为。
	《互联网信息服务算法推荐管理规定》提出，算法推荐服务提供者向消费者销售商品或者提供服务的，应当保护消费者公平交易的权利，不得根据消费者的偏好、交易习惯等特征，利用算法在交易价格等交易条件上实施不合理的差别待遇等违法行为。
	《互联网信息服务算法推荐管理规定》的辐射范围广泛，明令禁止"大数据杀熟"行业，要求互联网公司定期核查算法机制，算法安全、算法歧视等问题的监管得到了进一步的明确。

四、老客户营销方法

（一）建立老客户档案

建立老客户档案，对重要客户进行有效的跟踪和维护，有针对性地为其提供优质服务。老客户档案需要数据化、精准化、系统化，这样的老客户档案才对营销管理工作有指导性。在建立每一个客户档案之后需要对客户进行定期的全面"体检"。档案内容包括客户的姓名、性别、爱好、性格、年龄、生日、家庭情况、职业、收入情况、联系电话以及对商品的相关需求。

（二）内容营销

真正的内容营销并不是把内容发布渠道当成商品的发布渠道，而是要当成一个为老客户传递价值的平台，让客户获得有价值的信息，这样才能让其不断充满获得感，维持与企业长久的关系。例如，经营母婴用品的网店，可以向老客户传递一些实用性强的知识或是一些方法、经验等，让客户觉得是有价值的，以更好地接受企业传达的内容。在这种情况下，企业的内容营销能更好地带动老客户的转化。

（三）合理追销

对于母婴用品、宠物用品、生活用品等，这些能多次产生复购的商品类目，要合理地进行追销，运用老客户给企业带来更多的盈利。例如宠物用品，通过分析客户上一次购买的时间、购买数量、大概用量等，对客户所买商品大致什么时候用完做出判断，可以在商品即将用完之前，通过短信、会话工具或电话等方式适当提醒，进行主动追销。

（四）激活沉睡客户

提高老客户的活跃度，可以从内容和促销两方面进行策划。采用优惠活动或赠送礼物的营销策略，通过消息推送方式唤醒老客户，获得老客户的持续关注，这是维护老客户的主要途径。例如，上架了一批新品，可以通过赠送小礼物的方式，对间隔几个月甚至更久没有购买过商品的优质老客户进行唤醒和维护，让客户觉得贴心，促进老客户继续购买商品。

任务实施

任务背景：

尚宜旗舰店已经运营了一段时间，并且积累了一定的老客户。为了提高老客户的复购率和忠诚度，运营人员决定借助店庆活动，答谢老客户并促进消费，提升网店形象，加强网店影响力。此次营销活动，运营人员的目标是成交额不少于 600 000 元，盈利达到 5% 以上（相关资料见 Abook 资源）。

任务要求：

1. 根据老客户数据，结合老客户分类标准，进行老客户分类。

2. 根据营销目标，结合老客户需求偏好，制定老客户营销策略。

3. 根据老客户营销策略，结合老客户偏好，编辑并发送营销内容。

任务分析：

老客户的优势在于网店掌握了更多的客户数据，相对来说营销成功的概率会更高。老客户营销的便利性在于它属于企业私域的一部分，能够更好地进行触达。但并不是所有老客户都有营销的价值。因此，在进行老客户营销时，首先要根据老客户的行为数据，分析老客户的类型。然后根据不同的老客户类型，有针对地制定相应的营销策略，使用最少的营销资源获取最大的营销转化。

任务操作：

任务操作1：根据老客户数据，结合老客户划分标准，对老客户进行分类，并分析不同类型老客户的特点，填写表5-2-1。

表5-2-1　老客户分类及特点分析

客户类型	客户数量	购买金额	客户历史消费行为	客户偏好

任务操作2：根据客户偏好，结合历史营销效果数据和营销成本，制定老客户营销策略，填写表5-2-2。

表5-2-2　老客户营销策略

客户类型	营销方式	营销成本	原因分析

任务操作3：根据老客户营销策略，结合不同类型老客户的需求和偏好，编辑活动信息、人群规则、优惠信息等，完成营销内容的设置，填写表5-2-3。

表5-2-3　编辑并发送老客户营销内容

活动名称	活动时间	定向人群	活动商品	商品优惠

任务评价

评价任务	评价标准	评价结果			
		优	良	中	差
老客户营销	老客户分类和特点分析的准确性和合理性				
	老客户营销策略制定的合理性和可靠性				
	老客户营销内容设置的有效性和可行性				

任务拓展

　　年中促销活动即将来临，爱依旗舰店计划在此期间做好活动预热，同时加大老客户营销力度，一来借助年中促销活动刺激老客户重复消费，二来借助老客户带动网店热度和销量。为此，网店设置了优惠券、新品试用等福利，并通过短信、邮件等方式触达老客户。请以客服人员小乔的身份，结合店内老客户营销活动的内容及规则，完成老客户营销（详细资料见Abook资源）。

任务三　会员营销

任务描述

会员营销是一种通过建立会员制度，为会员提供特定的优惠、服务和体验，以增加客户忠诚度和消费频率的营销策略。其本质是通过理解和满足会员客户的不同需求，建立并维护与会员的长期合作关系，以提高企业的利润水平，实现企业的可持续发展。会员营销广泛应用于快速消费品、零售、电商、航空、电信、金融等多个领域，被视为构建客户关系、提升销售业绩和增强市场竞争力的重要手段。

本任务的主要工作内容：

1. 设计会员体系。
2. 制定会员营销策略。
3. 编辑并发送会员营销内容。

任务准备

一、会员体系内容设计

会员体系的本质是通过一系列的运营规则和专属权益来提升客户对企业的忠诚度，反哺企业的各项业务，一步步培养客户对商品的忠诚度。会员体系又被称为"客户成长体系"，会员体系的构建是一个将新客户逐步培养成为核心客户，引导客户持续活跃，深入参与企业的各项业务，最后甚至自发地向身边人推荐商品的过程。

（一）客户分层

首先是要收集、分析客户数据，定义客户分层的标准，并依次进行客户分层。通常，会员身份可分为普通会员、高级会员、贵宾会员、至尊会员。行业内通常参考RFM模型和二八定律进行会员等级设置。例如，0元入会即成为普通会员，有消费交易的即成为消费会员。消费会员中80%为高级会员，15%为贵宾会员，5%为至尊会员。

（二）权益设计

定义等级权益的目的在于为不同等级的会员提供更加优惠的折扣或更加贴心的服务，通过差异化激励会员达成升级目标，同时提升会员忠诚度。权益的设计需要基于分层客户的诉求。通常，会员权益可分为非固定权益和固定权益。

1. 非固定权益

非固定权益包括各类营销活动，如针对会员的优惠商品现金补贴、红包补贴、秒杀、团购、助力活动等，不同等级的会员享受不同的优惠力度，会员优先享有购物资格，以及在会员月或会员日当天的专享折扣和红包雨活动等。

2. 固定权益

固定权益是指根据会员等级每月赠送一定额度的优惠券、免基础运费、售后运费优惠、评价奖励、会员特价、生日礼包、优先退换货、专属客服、积分倍增等权益服务。

（三）规则制定

如果是等级会员，需要设计会员等级的升降规则。例如，消费达到多少额度，积分达到多少分，自动升级为高一等级的会员。给不同等级的会员匹配不同的权益规则，利用差异化权益来体现不同会员的价值。如果是付费会员，则需要制定付费会员的定价策略、付费会员等级的升降规则和相关权益。

二、会员营销方法

会员的积累是不断发展新会员，并使新会员变成老会员的过程。对新会员采取恰当的营销手段，同时维护与老会员的关系，不仅可以带来直接的销售额，还能借由会员营销扩大推广效果，保持网店的良性发展。一般来说，可以采取以下方法来进行会员营销。

（一）积分营销

积分营销是一种常见的会员营销方式，通过积分来奖励会员的消费行为，从而吸引会员继续消费。积分可以用于兑换礼品、折扣券等，也可以用于提升会员等级，享受更多的优惠和服务。积分制度可以激励会员消费，提高会员忠诚度。但是，如果积分兑换的礼品或折扣券不够吸引人，会员可能会失去积极性。

会员积分商城
体系设计要素

（二）会员等级制度

会员等级制度是指根据会员的消费行为和贡献度，将会员分为不同的等级，不同等级的会员享受不同的优惠和服务。这种方式可以激励会员消费，提高会员忠诚度，同时也可以帮助网店更好地管理会员。当然，会员等级制度并不适用于所有行业，要考虑消费频次。如果商品的消费频次不高，会员等级制度就形同虚设。

（三）会员专属权益

会员专属权益是指企业为会员提供的独特、个性化的权益和服务。会员专属权益的目的是激励客户成为会员，并增强其忠诚度和购买意愿，一般包含专属活动和专属服务。会员专属活动是指专门为会员举办的活动，如会员日等，这些活动可以吸引会员消费，提高会员的满意度和忠诚度。会员专属服务是指企业专门为会员提供的服务，如会员专属客服、会员专属咨询等，这些服务可以提高会员的满意度和忠诚度，同时也可以帮助企业更好地了解会员的需求和反馈。

（四）会员推荐制度

会员推荐制度是指通过会员推荐新会员，给予会员一定的奖励，从而吸引会员积极参与推荐活动，扩大会员群体。但是，会员推荐制度需要有足够的奖励措施，才能吸引会员积极参与推荐活动。此外，会员推荐制度也需要不断创新和更新，以满足会员的需求和反馈。

三、会员营销技巧

进行会员营销时要采取一定的技巧，才能增加会员的好感度，提高其忠诚度和黏性。常用的会员营销技巧有以下几种：

（一）提供个性化关怀

会员个性化关怀是现在普遍采用的营销手段，恰当的关怀不仅可以提升会员对品牌的好感度，加深会员的印象，提高会员的忠诚度，还有利于提高网店或商品的曝光率。

企业对会员的个性化关怀应该有一定的针对性，贵宾会员是购买力较强的客户，所以必须注意维护与贵宾会员的关系，让其感受到与普通会员不同的个性化关怀。除了通过短信提醒、问候等方式提升其好感度之外，还可以建立社群，加强贵宾会员与企业之间的联系和交流，维持他们的忠诚度。对于一些重要客户，甚至可以单独添加其为好友，在一些特殊的日子里向其发送问候和赠送礼品。开展促销活动时，还可以为贵宾会员提供不同的优惠条件，体现贵宾会员与普通会员的差异。

（二）提供独特会员权益

为会员提供独特的权益，如折扣优惠、生日礼物、积分回馈等。这些特别的福利将激励会员更频繁地访问网店和购买商品，同时增加他们对品牌的好感和忠诚度。设计会员权益时要注意会员的权益一定是与会员利益息息相关的，通过权益能够为会员及商家带来更多的利益。例如，服饰类商品的会员权益与优惠、售后相关，目的是希望通过优惠的价格和贴心的服务提升会员消费频次和金额。工具类商品的会员权益可以设定为免费试用限制功能或开通一些特殊的使用场景，目的是让会员通过商品体验购买网店提供的商品或服务。

（三）有效沟通和互动

维护与会员的关系，可以为会员建立专门的沟通群，加强会员与企业之间的联系和交流，维持他们的忠诚度。通过电子邮件、短信、社交媒体等渠道定期发送个性化的推广信息、商品更新信息或节日祝福。同时，鼓励会员提供反馈和建议，以进一步加强与他们的关系。

企业的客服人员要起到信息传递的作用，在服务会员的过程中需要告知并提醒相关会员所能享受到的会员权益，让会员感受、意识到相关的会员体系，从而形成一定的认同感。例如，新客户在网店进行交易之后，客服人员可以向其推送对应的会员政策。例如："感谢您选择我们家的商品，在本次交易完成后，您将成为我们家的普通会员，记得来网店领取精美的入会礼哦。要了解具体的会员政策，请点击链接×××。"

(四) 会员关怀

要想减少会员流失，提高会员的忠诚度，关键在于会员管理。只有做好会员维护，才能更有效地激起会员进店消费的欲望。可以通过会员管理系统筛选会员进行回访，同时在有活动时为会员提供优惠券，及时与会员保持联系。节假日时，商家可以节日的名义向会员发出问候，给予一定的专享优惠。当会员生日时，可以邀请会员进店领取生日福利，让会员感受到自己被重视。

任务实施

任务背景：

尚宜旗舰店在过去的几年中，业务发展迅速，同时吸引了大量客户的关注和注册。然而，近期运营人员注意到一些关键问题影响了会员体验和业务增长，如会员等级制度不够明确、会员权益缺乏吸引力等。运营人员意识到建立会员体系对于提高客户黏性、促进复购和提升品牌影响力至关重要。因此，运营人员将重新优化会员体系，以吸引新会员并保留现有会员（相关资料见 Abook 资源）。

任务要求：

1. 根据网店会员数据，结合历史会员营销效果，设计会员体系。

2. 根据不同等级会员特点和价值，制定差异化会员营销策略，编辑并发送会员营销内容。

任务分析：

企业进行会员运营的主要目的是通过让利一部分给企业的忠诚客户的方式来增强客户与企业的黏性。所以，成功的会员营销离不开合理的会员体系。在制定会员体系时要充分考虑客户的消费水平和消费偏好。平衡好会员与非会员之间的关系，让会员感受到自己身份的价值，让非会员能够被会员制度吸引并转化为会员。需要注意的是，一旦采用了会员运营方式，就要认真贯彻制定的会员制度，对企业会员的利益负责，这样才能留住老会员，不断地吸引新会员，才能不断地壮大企业的会员人群，提升企业的私域运营效果。

任务操作：

任务操作1：根据网店会员数据，结合历史会员营销效果数据，设计会员体系，填写表5-3-1。

表5-3-1 会员体系内容

会员等级名称	等级分层规则	会员权益	等级有效期

任务操作2：根据不同等级会员特点，差异化制定会员营销策略，填写表5-3-2。

表5-3-2 会员营销策略

会员类型	营销策略	原因分析

任务操作3：根据会员营销策略，结合不同等级会员的需求和偏好，编辑活动信息、人群规则、优惠信息并发送给指定的会员，填写表5-3-3。

表5-3-3 会员营销内容

活动名称	活动时间	定向人群	活动商品	优惠信息

任务评价

评价任务	评价标准	评价结果			
		优	良	中	差
会员营销	会员体系设置的合理性和可行性				
	会员营销策略制定的合理性和可靠性				
	会员营销内容设置的有效性和可行性				

　　随着网店运营逐渐步入正轨，爱依旗舰店在周年店庆日正式推出了会员系统和积分商城，以提升会员的消费力，增强会员黏性。同时，爱依旗舰店在网店首页推出了会员活动专区，通过大额优惠券、会员专享福利等方式，增加会员的复购率。接下来，网店需要通过短信、邮件、电话联系等方式及时通知会员，请以客服人员小乔的身份，结合店内会员营销活动的内容及规则，完成会员营销（详细资料见Abook资源）。

同步测评

1. 下列不属于老客户特点的是（　　）。

   A. 较高的消费满意度　　　　　　　B. 具有二次购买潜力

   C. 熟悉企业商品和服务　　　　　　D. 消费行为不确定

2. 以下关于高价值型的老客户，描述正确的是（　　）。

   A. 这类客户的消费频率较高，单次交易金额适中

   B. 这类客户的消费金额较高，每次交易的贡献度较高

   C. 这类客户关注价格优势，倾向于购买折扣或特惠商品

   D. 这类客户与企业形成了稳定、短期的客户关系

3. （　　）是指企业为会员提供的独特、个性化的权益和服务。

   A. 积分营销　　　　　　　　　　　B. 会员等级制度

   C. 会员专属权益　　　　　　　　　D. 会员推荐制度

4. 以下会员权益中属于固定权益的是（　　）。

   A. 红包补贴　　　　　　　　　　　B. 秒杀活动

   C. 助力活动　　　　　　　　　　　D. 专属客服

5. 以下不属于通过社交媒体吸引新客户的是（　　）。

   A. 建立引人注目的品牌形象

   B. 发布有趣、有价值和分享价值的内容

   C. 定向广告、社群活动和参与话题讨论

   D. 优化商品首页、商品详情页等网站内容

二、

多项选择题

1. 以下属于新客户特点的有（　　　　）等。

   A. 对品牌和商品的了解程度较低　　B. 看重客户评价

   C. 对价格不敏感　　　　　　　　　D. 对购物体验要求较高

2. 下列关于老客户营销方法的描述正确的有（　　　　）。

   A. 建立老客户档案　　　　　　　　B. 内容营销

   C. 激活沉睡客户　　　　　　　　　D. 提供独特会员权益

3. 下列关于会员体系内容设计的描述正确的有（　　　　）。

   A. 0元入会的是普通会员

   B. 非固定权益包括红包补贴、秒杀、团购等

C. 固定权益包括售后运费优惠、评价奖励、会员特价等

D. 消费或积分达到一定额度，会员等级自动升级

4. 以下属于新客户来源渠道的有（　　　　）。

A. 搜索引擎优化
B. 口碑和推荐

C. 社交媒体
D. 商品详情页

5. 以下关于高频次型客户描述正确的有（　　　　）。

A. 这类客户的消费频率较高

B. 这类客户每次的消费金额能为企业带来显著利润

C. 这类客户长期累计的贡献可以为企业带来稳定的收入

D. 企业可以通过实施积分奖励计划来激励这类客户保持高频消费

三、

判断题

1. 口碑和推荐通常来自客户对商品或服务的直接体验，具有很高的可信度。

（　　）

2. 潜在客户是指对商品或服务有很高满意度，长期支持和信任企业的客户。

（　　）

3. 构建会员体系的目的是将老客户逐步培养成为核心客户。 （　　）

4. 开展促销活动时，要为贵宾会员提供不同的优惠条件，体现贵宾会员与普通会员的差异。 （　　）

5. 会员客户对于喜欢的品牌会有一种情感依赖和认同。 （　　）

四、

技能操作题

　　店铺经过一年多的努力经营，已经积累了相当规模的客户群体，其中不仅包括多次回购的忠实老客户，还有关注店铺的潜在客户，以及加入店铺会员的支持者。然而，在与其他同类店铺的比较中，发现店铺的客户规模仍显不足。经过深入分析，发现店铺在日常经营中并未对客户进行分类管理，基本上采取的是统一的运营策略，这导致一部分客户因无法获得个性化的服务和体验而流失。

　　为了更好地满足不同客户的需求，提供更加精细化、个性化的服务，则要根据店铺客户信息，积极开展客户关系营销，以进一步吸引新客户、保留老客户，提高客户忠诚度，增加店铺会员数量。

1. 根据工作中收集到的客户信息，通过数据分析，了解不同客户的需求和购物偏好。

2. 根据具体的客户类型，结合不同客户特征，制定针对不同客户群体的营销策略及方案，如新客户优惠、老客户回馈、会员特权等。

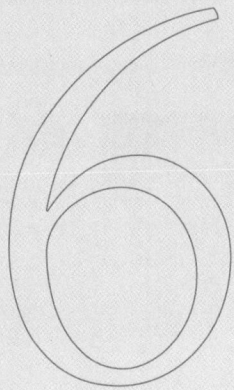

6

项目六

客户服务数据
分析与优化

学习目标

知识目标

- 掌握客户服务数据分析指标
- 熟悉客户服务数据分析方法
- 熟悉售前客户服务优化方法
- 掌握售后客户服务优化方法
- 理解智能客户服务优化方法

技能目标

- 能根据网店客户服务数据，结合客户服务分析指标，进行客户服务数据分析
- 能根据网店客户服务数据，分析客户服务效果，进行客户服务优化

素养目标

- 树立尊重数据、严谨求实的工作作风，培养实事求是、严肃认真的工作态度
- 建立服务优化意识，培养潜心钻研业务、乐于精耕细作的职业素养

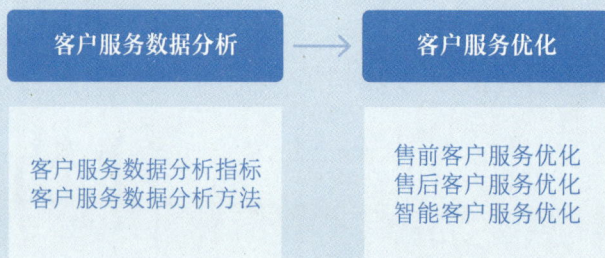

学习导图

客户服务数据分析 ⟶ 客户服务优化

客户服务数据分析指标
客户服务数据分析方法

售前客户服务优化
售后客户服务优化
智能客户服务优化

案例导入

以数据为依据优化客户服务体验

随着新时代的发展，各行各业都在不断追求创新和进步，客户服务作为企业的核心竞争力，更是需要不断优化和提升。针对这一点，客服数据分析成为必不可少的角色。

通过客户服务数据分析可以发现客户的高频问题，有助于快速准确响应客户的问题。除了查找问题，通过客户服务数据分析还能发现客户在使用商品或服务时的痛点和需求，为企业提供新的解决方案，进而提升客户的体验感和满意度，增强客户对商品的信任和忠诚度。

人工客服一直是企业解决重要客户问题的首选，然而在高峰期庞大的访客流和工作量往往会导致人工客服的服务质量下降和服务效率降低。客户服务数据分析可以有效助力人工客服，通过分类和集成反馈信息，为人工客服提供个性化的培训和技能方案。与传统人工客服相比，人工智能客服具有速度快、准确性高、工作时间灵活等优势。通过对客户反馈数据的大量处理和分析，人工智能客服可以在线模拟人类对话，为客户提供更加准确和高效的服务。

总之，客户服务是企业发展的重要支柱，客户服务数据分析是客户服务的重要工具之一。通过客户服务数据分析，企业可以了解客户体验，优化服务，为应对峰值访客流等方面提供有益的帮助。未来，在线聊天和人工智能客服将会成为重要的客服支撑方式，这将更好地提高客户服务效率和质量。在这个不断发展的时代，客户服务数据分析将会持续为企业在不断变化的市场环境中提供智能化的支持。

任务一 客户服务数据分析

任务描述

客服人员是企业与客户进行沟通的桥梁，是为客户创造良好购物体验的重要因素。因此，客户服务的工作效果会对网店的销售产生直接影响。通过客户服务数据分析，能够及时了解客户服务的工作情况，了解客户真实需求，改进并提高客户服务的质量和效率，提高客户满意度。此外，通过客户服务数据分析，能够有效指导网店运营者建立客服人员绩效考核体系，实现对客服人员的评价和管理，激发客服人员的工作积极性，提高客服团队的工作业绩，从而提高整个网店的销售额。

本任务的主要工作内容：

1. 明确客户服务数据分析指标。

2. 分析客户服务效果。

任务准备

一、客户服务数据分析指标

客户服务数据分析是根据客户的反馈意见进行数据收集与分析，识别客户服务过程中的问题，帮助企业提高工作效率，加强客户关系管理，提高客户满意度，降低客户流失率。通常，客户服务数据的分析指标包括接待人数、响应时间、销售额、询单转化率、客单价与客件数、退款率等。

（一）接待人数

客服人员接待人数是指所选时间段内，客服人员接待的客户数量。客服人员接待人数可以通过多种方式快速查看。例如，可以通过电商平台提供的数据分析工具中的服务洞察板块，监测客服团队的接待数据。服务洞察板块中通常能够展示每一位客服人员的接待情况。

（二）响应时间

在导致客户流失的各种原因中，"客服回复太慢"这一因素占有较高的比重。每一位进店咨询的客户，都希望能够马上得到回复。回复速度过慢的话，客户可能会逐渐失去耐心，甚至离开去浏览其他网店。由此可见，客服人员的响应时间对网店的转化率影响非常大。

响应时间的长短同时也是客服人员是否在线、是否以最佳状态迎接客户的最有力证据。

通常，可以把客服响应时间的长短分为客服首次响应时长和客服平均响应时长。客服首次响应时长是指在客服接待过程中，从客户咨询到客服人员回应第一句话的时间差。客服平均响应时长是指客服人员对客户每次回复用时的平均值。图6-1-1所示为网店客服响应时间统计。

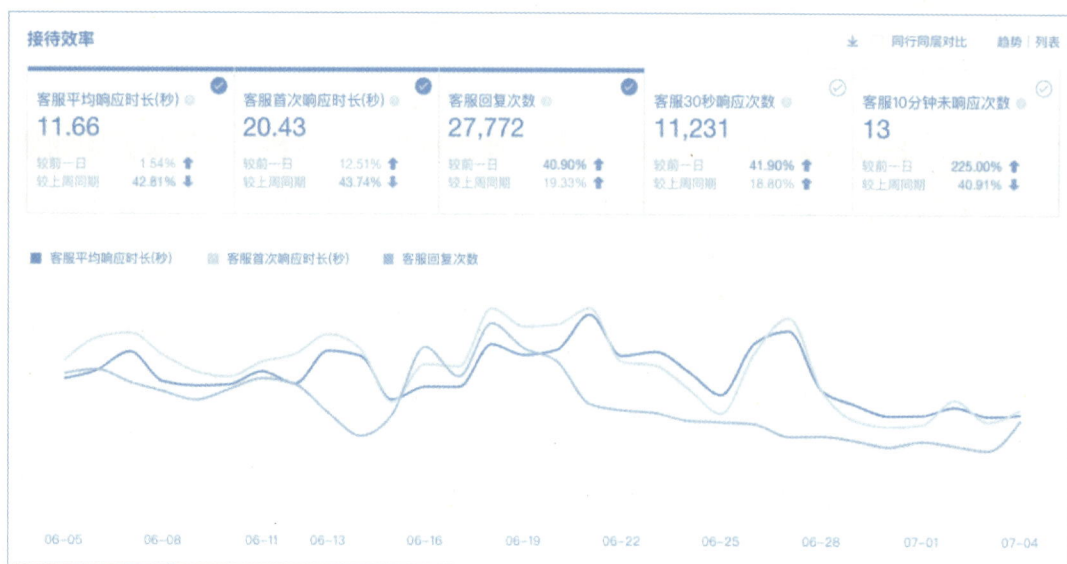

▲图6-1-1　网店客服响应时间统计

影响客服响应时间的因素主要包括服务意识、业务知识储备、打字速度和快捷回复设置。

直通职场

新客服人员上岗的常见错误

1. 不及时回复客户

正常情况下，客服平均响应时长为15秒，但是很多新客服人员的响应时长通常在50秒左右，甚至超过1分钟，极易造成客户流失。

2. 应用回复模板不灵活

应用回复模板是把双刃剑，新客服人员在使用的过程中经常会走入一些误区，如乱用、硬用、频繁使用回复模板，导致回复内容不仅没有帮助客服人员提高效率，反而降低了客户的购物体验和询单转化率。

3. 客户重视程度不足

新客服人员对客户的重视意识比较薄弱，通常存在以下问题：和客户沟通一段时间后，没收到客户的回复，便不进行二次跟进；在客户表明是老客户的情况下，没有及时调整回复内容，维系客户关系；客户咨询完所有相关问题后，没有积极引导客户及时下单。

4. 不正面解决客户问题

面对不同场景中的专业问题、异议问题，特别是新问题，新客服人员往往采取回避的策略，不正面回答客户问题，甚至漠视问题的存在，导致客户的不信任，造成客户的流失。

（三）销售额

销售额是指在所选时间段内，客服人员所服务客户的付款金额，是网店销售情况最直接的反映，也是对客服人员销售能力的综合考察。如果网店中部分客服人员的销售额过低，甚至出现销售额为零的情况，可能是由于对商品熟悉度不够、服务主动性不够、沟通技巧欠缺、推销技巧不足等因素造成的。

（四）询单转化率

询单转化率反映的是客户进入网店并咨询客服人员以后的商品交易情况。其计算公式：

询单转化率＝一个周期内客户咨询并最终下单的订单笔数 / 一个周期内咨询总笔数

通常，将28天作为一个计算周期。

当客户主动向客服人员咨询时，说明客户大概率已经产生了购买意向，此时需要客服人员正确引导，提高客户成交的概率。询单转化率是考察客服人员销售能力的一个重要指标，分析客服人员的询单转化率可以从侧面了解客服人员销售能力。例如，同一网店，客服人员甲的询单转化率为70%以上，说明此客服人员的销售能力较强；客服人员乙的询单转化率为50%以下，说明此客服人员的销售能力较差。

影响询单转化率的因素有很多，如果某些客服人员的询单转化率不合格，可能是因为客服人员的积极性差、对商品不熟悉、对催付用语与时间点掌握不当等。

（五）客单价与客件数

客单价是指在统计期内每位下单客户的平均交易额。其计算公式：

客单价＝销售总金额 / 成交客户数

例如，有10位客户前来购买商品，总成交金额是2 000元，那么客单价就等于总成交金额2 000元除以成交客户数10人，即200元 / 人。

与客单价息息相关的指标还有客件数。客件数是指通过客户服务成交的客户平均每次购买商品的件数。其计算公式：

客件数＝销售量 / 购买商品的人数

影响客单价和客件数的因素包括客服人员的搭配销售技巧、客服人员对促销活动的传递意识、商品的性价比等。

（六）退款率

处理售后工作的原则通常是"能留则不换，能换则不退"，要最大限度地减少退款率。通常，退款率的高低综合反映了客服人员对商品的熟悉度、对客户的责任心、解决困难的能力等，所以退款率也是客户服务评价的关键数据指标之一。

客服人员不仅要快速接待提出申请退款的客户，还要尽量说服客户撤销退款，降低退款率。统计和分析客服人员处理退款情况的相关数据包括客户信息、申请退款笔数、完成退款笔数等。

行业洞察　　　　　　　　　　　　　　　　　　　　　　　　　　　 － □ ✕

电商平台客服人员关键绩效指标考核

电商平台客服人员关键绩效指标考核是指电商平台卖家通过对客服人员进行目标式的量化考核，使网店的总体运营目标分解为操作性强、分工明确的个体目标。客服人员关键绩效指标考核明确规定了客服人员的主要任务，明确了客服人员的业绩衡量指标。通常，对客服人员进行考核需要确定以下三个方面：

1. 考核的指标

网店根据客服人员的工作质量、团队合作能力、工作态度等制定考核的指标，如接待人数、响应时间、客单价、退款率等数据指标。

2. 评分的标准

网店分别对不同的考核指标制定相应的评分标准。评分标准的制定要灵活，如销售的旺季和淡季需分别制定不同的评分标准。

3. 权重的分配

权重分配是指为考核指标分配相应的权重。根据指标的重要程度分配相应的权重，全部指标权重之和为100%。

二、客户服务数据分析方法

（一）对比分析法

对比分析法是一种常见的客户服务数据分析方法，是指将两个或两个以上的数据进行比较，分析它们的差异，从而揭示这些数据所代表的事物发展变化情况和规律性。对比分析法的特点是：可以非常直观地看出事物某方面的变化或差距，并且可以准确、量化地表示出这种变化或差距的多少。通过数据分析比对，能够分析客户服务的现状、产生现状的具体原因以及未来的发展趋势。图6-1-2所示为某客服人员关键绩效指标完成情况。

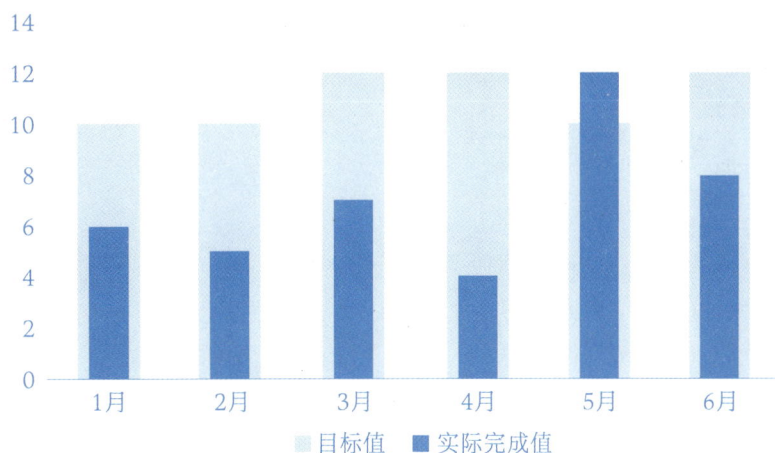

▲图6-1-2　某客服人员关键绩效指标完成情况

对比分析法可分为静态比较和动态比较两类。静态比较是在同一时间条件下对不同总体指标的比较，如不同部门、不同地区、不同商品的比较，也叫横向比较，简称横比。动态比较是在同一总体条件下对不同时期指标数值的比较，也叫纵向比较，简称纵比。

这两种方法既可以单独使用，也可以结合使用。进行对比分析时，可以单独使用绝对指标、相对指标和平均指标，也可以将它们结合起来进行对比。比较的结果可以用相对数表示，如百分数、倍数等。

直通职场

对比分析法注意事项

使用对比分析法进行客户服务数据分析时，指标的口径范围、统计方法、计量单位必须一致，即要使用同一种单位或标准去衡量；对比的对象要有可比性；对比的指标类型必须一致。

（二）关联分析法

关联分析法是一种十分实用的分析方法，是通过分析客户数据，将不同商品之间进行关联，并挖掘两者之间联系的分析方法。该方法常被用于购物篮分析、商品推荐、交叉销售等场景中。

（1）购物篮分析：通过关联分析，发现购物篮中经常一起购买的商品，用于促销和定价策略的制定。例如，购买整理箱的客户也经常购买纸巾盒等日常收纳用品，如图6-1-3所示。

购物篮分析的应用场景

（2）商品推荐：基于客户历史行为和兴趣，通过关联分析挖掘出客户经常同时感兴趣的商品，从而推荐相关的商品或内容。例如，购买泳衣的客户也经常购买毛巾或防晒霜等游泳时可能用到的商品。

▲图6-1-3　购物篮分析

（3）交叉销售：通过关联分析，发现一起销售的商品和服务，用于交叉销售和搭配销售策略的制定。例如，当客户购买手机时，可以推荐购买手机保护壳和充电宝。

行业洞察

关联分析法典型应用案例——啤酒和纸尿裤

超市收银员发现啤酒和纸尿裤经常一起出现在客户的购物篮中，于是进行了调查，发现原因出自"宝爸"这一群体。首先，从时间上，周末比工作日购买纸尿裤和啤酒的频率更高；其次，宝爸们喜欢看体育节目，而且爱边喝啤酒边看，且体育节目多在周末扎堆播放。所以，当周末宝妈需要给孩子换纸尿裤时，通常会让正在看球的奶爸去买。奶爸出去买纸尿裤，会顺便带些啤酒回来。后来，超市把纸尿裤和啤酒摆在一起，两者销量得到了双双提升。

这个案例告诉我们，数据可以揭示隐藏的关联关系，通过合理利用这些关联关系，可以帮助企业进行精准决策和战略规划。

（三）漏斗分析法

漏斗分析法是数据领域常见的一种"程式化"数据分析方法，它能够科学地评估业务过程，即从起点到终点各个阶段的转化情况。通过可以量化的数据分析，帮助企业找到有问题的业务环节，并进行有针对性的优化。漏斗分析法是一个适合业务流程比较规范、周期比较长、各环节涉及复杂业务比较多的管理分析工具。例如，将利用漏斗分析法得出的漏斗图用于网店中某些关键路径的转化率分析，不仅能显示客户从进入网店到实现购买的最终转化率，还可以展示整个关键路径中每一步的转化率。

单一的漏斗图无法评价某个关键流程中各步骤转化率的好坏。可以利用对比分析法，对同一环节优化前后的效果进行对比分析，或对同一环节不同细分客户群的转化率做比较，或对同行业类似商品的转化率进行对比等。

行业洞察

电商漏斗模型

典型的电商客户行为：打开首页→点击广告页→进入详情页→加入购物车→进入支付页→完成支付，如图6-1-4所示。通过分析电商客户从浏览页面到完成购买的行为之间的转化率与总体的转化率，找出每个环节需要优化的地方，从而提升转化率，最终提高销售业绩。计算每一个环节的转化率，有助于分析人（是否是商品的目标客户？）、货（商品是否热销？）、场（商品功能、体验如何？）哪个因素出了问题。

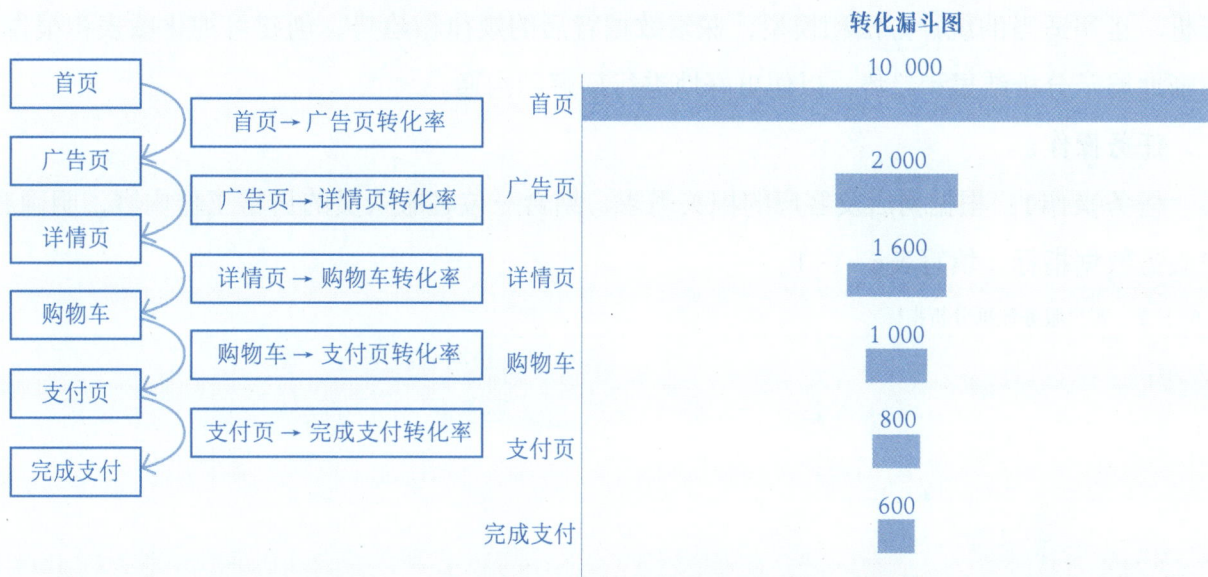

▲图6-1-4　电商漏斗模型

每一环节的转化率都等于下一环节的人数除以上一环节的人数的百分数，如：首页→广告页转化率，就是广告页人数/首页人数×100%。此外，还可以计算整体转化率，即最后一环节人数/第一环节人数，本案例中就是600/10 000×100%=6%

任务实施

任务背景：

运营人员在对网店的销售数据进行了整理和分析，发现近一个月（按28天计算）的网店销售额增长缓慢且呈现逐渐下降的趋势，同时客户投诉率逐渐上升。为了找到造成这种局面的原因，运营人员对网店服务的各个阶段进行全方位的排查，发现网店的三位客服人员在工作中存在一定的问题，如回复速度慢、解决问题效率低、信息传递不准确等。

为了改进三位客服人员在工作中出现的问题，提高网店销售额，维护良好的客户关系，网店决定进行客户服务数据分析，以找出问题的根源。通过数据分析，识别客户服务工作中的问题和瓶颈，从而提升整体的工作效率和业绩（相关资料见Abook资源）。

任务要求：

1. 根据网店及客户的相关需求，明确客户服务数据分析指标。

2. 根据客户服务数据，结合客户服务数据分析指标，进行客户服务数据分析。

任务分析：

根据收集到的客户服务数据，确定需要分析的客户服务指标，如平均响应时长、客户满意度得分等。设置具体的分析目标，如找出频繁出现问题的指标、发现影响客户满意度的关键因素等。使用数据分析工具（如Excel、Python或专业的数据分析软件）进行数据处理和分析。运用适当的统计方法和模型，探索数据背后的规律和趋势。创建可视化图表和报告，清晰地展示分析结果和趋势，以便更好地进行理解和沟通。

任务操作：

任务操作1：根据网店及客户的相关需求，结合三位客服人员的日常工作内容，明确客户服务数据指标，填写表6-1-1。

表6-1-1　客户服务数据分析指标

客服人员名称	日期	客户服务数据分析指标				
		接待人数	平均响应时长	客单价	询单转化率	销售额

任务操作2：根据客户服务数据指标，结合一定的分析工具，选择合适的评价方法，进行客户服务数据分析，填写表6-1-2。

表6-1-2　客户服务数据分析

客服人员名称	数据类型			
	行业平均水平	低于行业水平的指标	客户服务过程中存在的问题	客户销售过程中存在的问题

评价任务	评价标准	评价结果			
		优	良	中	差
客户服务数据分析	客户服务数据指标选取的全面性和准确性				
	客户服务数据分析的准确性和可靠性				

　　经过不懈努力，爱依旗舰店拥有了稳定的客户群，逐步迈入平稳发展期。为了进一步提升客户支持能力，节约人力资源开支，提高客户满意度和忠诚度，网店引入了智能客服助手，24 小时全天候为客户提供服务，瞬时响应客户的问题，并提供准确的答案和解决方案。一段时间后，网店计划对智能客服助手服务数据进行分析，了解智能客服助手的客户服务效率和效果。请以客服人员小乔的身份，根据智能客服助手的客户服务数据，完成客户服务数据分析（详细资料见 Abook 资源）。

任务二　客户服务优化

　　优化客户服务是关乎企业生存和成功的关键因素。通过提供高质量、响应迅速、个性化的客户服务，企业可以提升客户满意度，增加客户忠诚度、促进口碑传播，从而获取更多的交易机会。优化客户服务不仅能够满足客户的期望，还可以赢得竞争优势，建立良好的企业形象，实现持续增长和可持续发展。

　　本任务的主要工作内容：

　　1. 明确客户服务优化指标。

　　2. 制定客户服务优化措施。

一、售前客户服务优化

　　售前服务质量对于网店的运营至关重要，可以通过分析客户服务的数据指标，找出售前服务存在的问题并进行优化，不断提高售前客户服务接待效率、询单转化率与客单价，把售前服务转化为实际销量。

（一）提高接待效率的方法

1. 强化服务意识

　　客服人员应具备基本的服务意识，除特殊情况（如正在接待的客户较多，的确无法及时回应）以外，应积极、快速地回复客户消息。例如，新上岗的客服人员没有服务意识，不想接待太多客户，收到信息时故意慢回复或不回复客户，导致客户流失。针对这种情况，客服主管应给予培训，强化其服务意识。

　　另外，客户可能随时咨询问题，这要求客服人员在工作时间保持高度的注意力，不要擅自离开工作岗位。当然，客服人员在工作中难免会因为一些紧急的事情离开工作岗位，这就需要客服人员在离开时将聊天工具状态从"在线"调整为"离开""忙碌"或"隐身"。当客服人员要离开岗位时，除了要调整自己的聊天工具状态之外，还需要与其他客服人员进行工作交接，将前来咨询的客户转给其他客服人员帮忙服务，切勿让客户久等。

2. 增加业务知识储备

　　客户服务的业务知识储备包括上岗前业务知识培训、商品培训和网店活动培训等。例如，客服人员只有在熟悉商品的尺寸、颜色、材质等属性的前提下，才能在客户询问相关问题时快速响应客户。对于业务知识储备不够的客服人员，客服主管应定期培训并考核，根据考核结果进行奖惩，以激励客服人员增加业务知识储备。

3. 提高打字速度与技巧

客服人员的响应速度与打字速度息息相关，提高打字熟练度是快速提高回复速度非常行之有效的办法，这就需要客服人员不断练习。对于打字慢的客服人员，客服主管可用打字测试软件定期测试客服人员的打字速度和错误率，以此来提高客服人员的打字能力。

除了打字速度影响客服人员的接待效率外，打字技巧也很重要。很多时候，客户提出的问题可能需要客服人员用较多的文字去解释、回答，客服人员在回答这类问题时要注意打字技巧，如分段打字发送。因为这类问题的答案文字较多，要完整回答需要的打字时间较长，很多时候一些客户会误以为客服人员没有在线或者故意不回复，从而关闭对话窗口。分段发送文字可以减少客户等待的时间，与客户进行实时互动，对于客户没有理解透彻的细节也可进行补充说明。

4. 设置快捷回复

回复速度快自然是好事，但客服人员也要懂得合理取巧。对于常见问题，没必要一字一句地输入回复，可以通过智能客服工具自动快捷回复。设置快捷回复可以在很大程度上缩短客服人员首次响应时长，从而以最快的速度响应客户。

如果未设置或者设置很少量的快捷回复，就有可能导致响应速度相对较慢。客服主管应对客服人员的快捷回复设置进行检查，看看是否涵盖了大部分常见问题。客服主管也可以对客服人员的聊天记录进行检查，根据其快捷回复的使用情况进行指导。客服主管还可以制定统一的快捷回复内容，让每位客服人员设置并使用。

直通职场	客服人员的激励机制
	通常，网店为提升客服人员工作的积极性、责任心，保障商品销量和服务品质，降低不必要的服务成本，会制定相应的激励机制。客服人员激励机制包括竞争机制、晋升机制、奖惩机制和监督机制。 1. 竞争机制 良性的竞争促使客服团队成员不断发现自身存在的不足，使客服人员处于不甘落后的状态。和其他客服人员的比较会在工作中形成一种极富正能量的动力，促进客服人员通过不断丰富自己的知识与技能来获得客户的满意。

2. 晋升机制

客服人员的晋升机制可以规范管理人才的培养、选拔和任用制度，推动管理人才水平不断提高；建立客服人员晋升通道，激励其不断提高业务水平，以卓越的工作能力推动网店的发展。可供参考的客服人员晋升条件通常包括以下几个方面：客服人员的在岗时间、客服人员工作关键绩效指标数据的高低、客服人员对于业务的熟练程度和上手能力、客服人员的直接领导对其工作态度和工作作风的评价、客户对于客服人员的印象及口碑、客服人员在工作中表现出的管理能力和协调能力等。

3. 奖惩机制

客服人员的奖惩机制能够有效地调动员工的工作积极性和主动性，在设立奖励制度时，可从精神奖励和物质奖励两个方面入手强化客服人员的积极行为。但当客服人员工作中出现消极行为时，也应有相应的惩罚措施。网店可以根据客服人员的工作失误、违规的严重性来权衡惩罚的轻重。惩罚措施一般有警告、通报批评等，屡教不改者则应予以淘汰。

4. 监督机制

网店可以通过客户的反馈对客服人员的工作进行有效的监督。例如，制作针对客户服务情况的问卷，不定期发送给客户，再根据客户所反馈的信息分析客服人员的工作状态，对客服人员的工作进行监督。

（二）提高询单转化率的方法

询单转化率是客服人员整体能力的重要考验，在对客服人员进行培训时，如何提高询单转化率是培训的重点内容。要提高询单转化率，需要了解影响询单转化率的因素。对于客服人员而言，需要注意商品相关专业知识的掌握程度、促销信息的了解程度、销售技巧和服务态度等。

1. 熟练掌握商品的专业知识

客服人员只有快速、准确地回答客户的问题，才能够在客户心中建立可信度，从而提升客户下单的可能性。当客服人员遇到不熟悉的问题时，要马上与同事沟通，再将相应答案反馈给客户，而不要以"这个其实不重要"或"说明书里讲得也不是很清楚"等话语来搪塞客户。

2. 熟悉网店促销信息

当客户犹豫是否购买商品时，客服人员要看准机会，将网店的促销信息告知客户，促使其下决心购买。

3. 掌握熟练的销售技巧

客服人员只有掌握一定的销售技巧，才能够迅速判断出客户的类型以及客户的需求，才能有针对性地引导客户下单。

4. 培养良好的服务态度

客服人员的良好服务态度可让客户感到自己得到了认真、热情的对待，从而对客服人员、对网店产生好感，这样客户下单购物的可能性就会增加。

（三）提高客单价的方法

通过客单价的计算公式可以看出，影响客单价的两个因素分别是销售总金额和成交客户数。客服人员想要有效地提高客单价，需要尽力提高每一单的销售额。客服人员要善于激发客户的购买需求，温和地引导客户购买，并通过合适的沟通用语，让客户增加购买量，从而提高自己的客单价。客单价是衡量客服人员关联销售能力的一个重要指标。常用的提高客单价的方法主要有以下几种：

1. 设置搭配套餐

搭配套餐最大的作用就是提升客单价，所以很多网店在商品详情页的下方都设有商品搭配推荐，如西装搭配领带、长裤搭配皮带等。客服人员在提供咨询的同时，可以适时地将搭配套餐推荐给客户，激发客户的购物需求，增加销售额，提高客单价。

2. 为客户灵活推荐搭配

当没有为某些商品设置搭配套餐或者推荐的商品搭配套餐不符合客户的需求时，则需要客服人员自行为客户推荐相应的搭配或灵活地调整搭配，并推荐给客户。

3. 主动提示促销活动

当客户没有留意到店内的活动时，客服人员可以主动提示客户参与活动购买商品更实惠，并发送相应的优惠信息。通过这种方式，激发客户的购买欲望，使其单次购买更多的商品。

二、售后客户服务优化

售后客户服务的优劣主要由退款率反映，影响退款率的因素有很多，有的源于商品本身，有的源于客户偏好，如对商品的真伪表示怀疑、对商品质量不满意、对物流不满意等。

（一）售后客户服务优化措施

1. 遇到客户提出退款申请，客服人员应主动联系

当收到客户退款申请时，客服人员可以主动联系提出退款要求的客户，积极配合客户处理问题，给出令双方都满意的处理方式，以此来避免客户纠纷。

2. 避免客户对网店有所误会

有些新客户进入网店向客服人员进行询问后，客服人员没有在第一时间解决客户的疑问，则客服人员需要主动与客户沟通，以免让客户对网店或商品产生误会。

3. 第一时间响应，主动承担责任

当客户提出异议时，可能是因为物流问题、商品问题、处理问题速度等造成的。但不管哪一个环节出现问题，客服人员都要在第一时间进行响应，承担相应责任并进行合理的处理，给客户一个好的印象，从而避免客户申请平台介入，导致纠纷的产生。

（二）售后客户服务优化流程

1. 询问原因

当客户收到商品，主动联系客服人员说明自己有退款意愿时，客服人员不能盲目同意客户的退款要求，而是要主动耐心地询问客户的退款原因，分析客户提出的问题是否能够解决。具体沟通方式建议如下：

- 您好，方便告诉我您想要退款的原因吗？
- 我们没能为您带来完美的购物体验，真的十分抱歉，可以告诉我们您不满意的原因吗？
- 是我们的商品或服务让您感到失望了吗？

2. 提出策略

对商品不满意而提出的退款，客服人员可以采取一些物质、精神上的补偿来平衡客户的心理。补偿的方式主要包括直接返现、赠送礼品、升级会员享受专属特权等。直接返现的金额可以按照商品原价的一定比例进行确定。赠送礼品要尽量考虑客户需求，以显示诚意。

3. 改善服务

市场是企业选择出售何种商品的最主要因素，客户则是企业调整经营模式最重要的依据。在客服人员收集并分析完客户的意见后，应尽量根据客户需要调整商品。降低退款率最行之有效的办法是对商品质量的完善，顺应客户的需求便是对市场的顺应。满足了客户的需求，改善了商品的质量，退款率就会在很大程度上得到控制。

> — □ X
>
> **行业洞察**
>
> **售后服务升级，让消费更舒心**
>
> 为提振消费信心，增强内需发展动力，中国消费者协会联合地方消协组织共同开展了"优化消费体验 共促消费公平"大型公益活动。活动期间，多家企业推出了丰富多彩的举措。
>
> 举措1：提供免费上门退换货、1小时极速退款服务。为破解网购客户退换货痛点，企业携手顺丰速运开展上门退换货服务，自订单签收次日起7天内，提供免费

— □ X

上门退换货服务，客户足不出户就可以实现商品退换；同时，在退货时可享受极速退款服务，快递员揽件成功后1小时内即可实现退款。此举有效提升了客户满意度，给客户带来有温度的贴心服务。

举措2：对重要客户提供24小时人工客服。对重要客户在提供全年自营商品免邮、免收退换运费、自营商品"折上9.5折"等增值服务的基础上，企业不断升级服务内容，提供24小时人工客户服务，服务更贴心、更专业。

举措3：管家式服务。基于大数据将商品使用生命周期分为安装交付期、商品体验期、稳定使用期、配件更换期、商品换新期。客户遇到商品使用疑问时，可通过热线电话、App、社交媒体等了解解决方法。同时，为客户在社交媒体端配备"一对一专属管家"，提供"被动服务＋主动服务"全覆盖的一站式服务。

三、智能客户服务优化

随着科技的不断发展，人工智能作为新时代最热门的科技之一，其在各个领域都有广泛的应用和深远的影响。其中，基于人工智能技术的智能客户服务优化，既能提高企业的服务效率，又能让客户获得更好的服务体验。可以从以下三个方面提高智能客户服务效果：

（一）定期更新知识库

知识库是智能客服的重要组成部分，完善的知识库可以使智能客服更快速、准确地回答客户的问题。因此，定期更新知识库对提升智能客户服务效果至关重要。知识库应该包含店铺所有商品最新的详细信息、订单问题的解决方案以及退款、退货流程等。同时，可以将知识库中的内容进行分类，以便智能客服更好地处理各种类型的信息。

（二）个性化功能设置

根据企业的特定需求，对智能客服进行个性化设置。可以设置识别并自动回答特定类型的问题，设定特定的对话流程和规则，以便根据客户的问题类型提供准确的回答。

（三）打造更好的智能导航

智能导航可以指导客户找到所需的商品或信息，快速完成交易或解决问题。因此，打造更好的智能导航对提升智能客户服务效果非常必要。使用自然语言处理技术和机器学习算法，智能客服可以更好地理解客户的查询和指令，并能够回答各种问题。此外，可以将导航引导和搜索技术相结合，以确保客户能够快速找到他们要寻找的重要信息。

任务背景：

近期，网店运营人员对近一个月的客户服务数据进行了深入分析，发现三位客服人员在售前、售后不同工作场景中存在不少问题，导致网店这一段时间的销售额降低、纠纷率增加，甚至店铺评分下降。为了解决这些问题，提高客户服务的质量和效率，客服主管陈悦决定根据客服人员在工作过程中出现的不同问题，制定对应的客户服务优化措施。通过优化客户服务，提升客户满意度，减少客户纠纷，提高网店转化率和口碑形象（相关资料见Abook资源）。

任务要求：

1. 根据客户服务数据，分析客户服务效果，找出需要进行优化的指标。

2. 根据客户服务效果分析结果，制定客户服务优化措施。

任务分析：

为了提高客户服务质量和效率，网店需要针对当前存在的问题和不足，制定具体的实施方案和改进措施，包括优化客户服务流程，提高员工技能和知识水平，加强沟通和协作，培养积极的服务态度，引入先进的技术和工具，以及建立有效的反馈机制。通过综合运用这些措施，将能够更好地满足客户需求，提供更高质量的服务，提升客户满意度，并提高业务运作的效率。

任务操作：

任务操作1：根据网店三位客服人员的客户服务数据分析结果，根据实际工作内容，明确每位客服人员需要优化的指标，填写表6-2-1。

表6-2-1　客户服务优化指标

客服人员名称	优化指标			
	接待效率	询单转化率	客单价	退款率

任务操作2：根据客服人员售前及售后服务水平评估结果，结合网店运营情况及客户服务优化方法，制定客户服务优化措施，填写表6-2-2。

表6-2-2　客户服务优化措施

优化阶段	存在问题	优化建议
售前		
售后		
智能客服		

评价任务	评价标准	评价结果			
		优	良	中	差
客户服务优化	客户服务效果分析的准确性				
	客户服务优化措施的可行性和有效性				

平台促销活动期间，爱依旗舰店利用各种营销手段，吸引客户的注意，提高网店的流量，增加店内的销售额，最终使得网店的销售业绩与在客户心中的印象得到良好的提升。促销活动结束以后，爱依旗舰店对活动数据进行复盘分析，发现有几条客户订单评价中出现了"客服回复不及时""服务态度较差"等评语。为此，店铺决定对客户服务进行优化，提升客户服务水平。请以客服人员小乔的身份，根据客户订单评价，分析客户服务过程中存在的问题，完成客户服务优化（详细资料见Abook资源）。

一、

单项选择题

1. 统计期内有200位客户购买了商品，总成交金额为52 000元，则客单价是（　　）。

   A. 200元　　　　　　　　　　B. 260元

   C. 300元　　　　　　　　　　D. 320元

2. 以下提高接待效率的方法中，不合理的是（　　）。

   A. 强化服务意识　　　　　　　B. 增加业务知识储备

   C. 提高打字速度　　　　　　　D. 无限制增加客服人员

3. 以下不属于可能会影响询单转化率因素的是（　　）。

   A. 客服人员的积极性差　　　　B. 客服人员对商品不熟悉

   C. 商品的性价比较高　　　　　D. 客服人员对催付用语与时间点掌握不当

4. 以下不属于提高客单价方法的是（　　）。

   A. 设置搭配套餐　　　　　　　B. 提高商品销售单价

   C. 为客户灵活推荐搭配　　　　D. 主动提示促销活动

5. 造成网店客服人员的销售额过低的原因不包含（　　）。

   A. 客服人员对商品熟悉度不够　　B. 客服人员的推销技巧成熟

   C. 客服人员的沟通技巧欠缺　　　D. 客服人员的服务主动性不够

二、

多项选择题

1. 想要提高询单转化率，对客服人员的要求有（　　　　）。

   A. 熟练掌握商品的专业知识　　B. 熟悉网店促销信息

   C. 具有熟练的销售技巧　　　　D. 具备良好的服务态度

2. 以下关于对比分析法描述正确的有（　　　　）。

   A. 对比分析法是一种常见的客户服务数据分析方法

   B. 可以非常直观地看出事物某方面的变化或差距

   C. 对比分析法分为静态比较和动态比较两类

   D. 静态比较是在同一总体条件下对不同时期指标数值的比较

3. 以下属于关联分析法常用的分析场景的有（　　　　）。

   A. 购物篮分析　　　　　　　　B. 商品推荐

   C. 对比分析　　　　　　　　　D. 交叉销售

4. 以下属于售后客户服务优化措施的有（   ）。

    A. 遇到客户提出退款申请，客服人员应主动联系

    B. 第一时间响应，主动承担责任

    C. 为了提高销售额，适时拒绝客户的退货申请

    D. 避免客户对网店有所误会

5. 以下属于智能客户服务效果优化措施的有（   ）。

    A. 定期更新知识库   B. 个性化功能设置

    C. 升级会员专属特权   D. 打造更好的智能导航

三、

判断题

1. 客服人员接待人数是指所选时间段内，客服人员接待的客户数量。　（　　）

2. 关联分析法是指将两个或两个以上的数据进行比较，分析它们的差异。（　　）

3. 询单转化率反映的是客户进入网店并咨询客服人员以后的商品交易情况。

                                                             （　　）

4. 定期更新知识库对提升智能客户服务效果至关重要。　　　　　（　　）

5. 客单价是指在统计期内每位下单客户的平均交易额。　　　　　（　　）

四、

技能操作题

    由于农产品保鲜期短、种类繁多、损失率高、运输难度大等问题，导致农产品网店的客户服务难度较大。为了了解网店客户服务的实际情况，客服主管决定对网店的客户服务数据进行分析，明确网店在客户服务过程中存在的问题，并给予优化方案。

1. 根据客户服务实际工作数据，分析客户服务过程中产生的问题。

2. 根据客户服务数据及优化方法，完成客户服务优化。

郑重声明

高等教育出版社依法对本书享有专有出版权。任何未经许可的复制、销售行为均违反《中华人民共和国著作权法》，其行为人将承担相应的民事责任和行政责任；构成犯罪的，将被依法追究刑事责任。为了维护市场秩序，保护读者的合法权益，避免读者误用盗版书造成不良后果，我社将配合行政执法部门和司法机关对违法犯罪的单位和个人进行严厉打击。社会各界人士如发现上述侵权行为，希望及时举报，我社将奖励举报有功人员。
反盗版举报电话　（010）58581999　58582371
反盗版举报邮箱　dd@hep.com.cn
通信地址　北京市西城区德外大街4号　高等教育出版社法律事务部
邮政编码　100120

读者意见反馈

为收集对教材的意见建议，进一步完善教材编写并做好服务工作，读者可将对本教材的意见建议通过如下渠道反馈至我社。
咨询电话　400-810-0598
反馈邮箱　zz_dzyj@pub.hep.cn
通信地址　北京市朝阳区惠新东街4号富盛大厦1座
　　　　　高等教育出版社总编辑办公室
邮政编码　100029

防伪查询说明

用户购书后刮开封底防伪涂层，使用手机微信等软件扫描二维码，会跳转至防伪查询网页，获得所购图书详细信息。
防伪客服电话　（010）58582300

学习卡账号使用说明

一、注册/登录
访问https://abooks.hep.com.cn，点击"注册/登录"，在注册页面可以通过邮箱注册或者短信验证码两种方式进行注册。已注册的用户可以直接输入用户名加密码或者手机号加验证码登录。
二、课程绑定
登录之后，点击页面右上角的个人头像展开子菜单，进入"个人中心"，点击"绑定防伪码"按钮，输入图书封底防伪码（20位密码，刮开涂层可见），完成课程绑定。
三、访问课程
在"个人中心"→"我的图书"中选择本书，开始学习。
如有账号问题，请发邮件至：4a_admin_zz@pub.hep.cn。

图书在版编目（CIP）数据

客户服务 / 李志宏，骆永华主编 . -- 北京：高等教育出版社，2024.6
电子商务专业
ISBN 978-7-04-061877-8

I.①客… II.①李… ②骆… III.①企业管理-销售管理-商业服务-教材 IV.① F274

中国国家版本馆 CIP 数据核字 (2024) 第 048889 号

客户服务
KEHU FUWU

策划编辑　聂志磊
责任编辑　聂志磊
封面设计　姜　磊
责任绘图　李沛蓉
版式设计　姜　磊
责任校对　刘丽娴
责任印制　存　怡
出版发行　高等教育出版社
社　　址　北京市西城区德外大街4号
邮政编码　100120
印　　刷　肥城新华印刷有限公司

开　　本　889mm×1194mm　1/16
印　　张　11
字　　数　220千字

购书热线　010-58581118
咨询电话　400-810-0598
网　　址　http://www.hep.edu.cn
　　　　　http://www.hep.com.cn
网上订购　http://www.hepmall.com.cn
　　　　　http://www.hepmall.com
　　　　　http://www.hepmall.cn
版　　次　2024年6月第1版
印　　次　2024年6月第1次印刷
定　　价　35.00元

本书如有缺页、倒页、脱页等质量问题，请到所购图书销售部门联系调换
版权所有　侵权必究
物料号　61877-00